Simon Cox

O papel das empresas sociais nas organizações comunitárias

Simon Cox

O papel das empresas sociais nas organizações comunitárias

Poderá uma componente de empresa social nas organizações comunitárias aumentar a sua sustentabilidade financeira?

ScienciaScripts

Imprint

Cover image: www.ingimage.com

This book is a translation from the original published under ISBN 978-3-659-89706-1.

Publisher:
Sciencia Scripts
is a trademark of
Dodo Books Indian Ocean Ltd. and OmniScriptum S.R.L publishing group

120 High Road, East Finchley, London, N2 9ED, United Kingdom
Str. Armeneasca 28/1, office 1, Chisinau MD-2012, Republic of Moldova, Europe
Managing Directors: Ieva Konstantinova, Victoria Ursu
info@omniscriptum.com

Printed at: see last page
ISBN: 978-620-8-61853-7

Resumo

Poderá o desenvolvimento de uma componente de empresa social nas organizações comunitárias aumentar a sua sustentabilidade financeira? A questão implica investigar o sector comunitário e identificar a função das empresas sociais dentro do sector comunitário. Durante a investigação, havia três áreas interligadas a investigar.

- Compreender o empreendedorismo social e as empresas sociais e investigar a hipótese de que as empresas sociais assumem duas formas diferentes (empresas sociais puras e empresas sociais que prestam serviços públicos).
- Identificar estudos de casos de empresas sociais e analisar o seu funcionamento e operação, a fim de formular recomendações para futuras empresas sociais.
- Tirar conclusões sobre o futuro da função das empresas sociais nas organizações comunitárias e sobre a forma como a função das empresas sociais pode aumentar a sua sustentabilidade financeira.

Este estudo permitiu retirar uma série de conclusões.

- A diferença entre as empresas sociais (dois tipos); As organizações de pequena dimensão, como o Restaurante 1014, podem gerar um fluxo de receitas para organizações como a CASA, enquanto as empresas sociais que prestam serviços públicos são distintas.
- A recomendação de franchisar o Restaurante 1014, criando assim uma "marca" de empresa social.
- A contratação de um "Social Enterprise Development Officer" no Carmichael Centre criaria um quadro que permitiria às organizações comunitárias tornarem-se sustentáveis através da sua função de empresa social.
- Por último, verificou-se que as instituições de solidariedade social que pretendem criar empresas sociais devem estabelecer identidades distintas.

Agradecimentos

Com as minhas propostas iniciais de dissertação envolvendo o conceito de empresa social, deparei-me com o programa "Students learning with communities" do DIT. O programa envolve estudantes que trabalham com parceiros da comunidade (grupos locais, organizações sem fins lucrativos, etc.) para desenvolver projectos reais. A aprendizagem ganha vida para os estudantes quando trabalham nestes projectos com clientes reais, aplicando as suas competências especializadas. O programa "Estudantes que aprendem com as comunidades" tem como objetivo final incentivar os participantes a trabalhar para a mudança social. Eu estava extremamente interessado em participar no programa. Quando me deparei com a pergunta de investigação dos Centros Carmichael, entrei imediatamente em contacto com a organização.

Trabalhei em estreita colaboração com o Carmichael Centre e com a sua experiente responsável pela formação e desenvolvimento, Caroline Egan. O resultado é este trabalho de investigação sobre a relação entre as organizações comunitárias e as empresas sociais.

Gostaria de aproveitar esta oportunidade para agradecer a todos os meus amigos e familiares pelo seu apoio durante a redação da dissertação.

Gostaria de agradecer aos meus colegas de turma, são de facto um grupo fantástico de pessoas e foi um prazer trabalhar com eles.

Gostaria também de agradecer ao nosso Presidente do Programa, Dr. Deiric O Broin, que sempre foi extremamente prestável durante o meu tempo no D.I.T.

"Se eu acreditar que sou capaz de o fazer, adquirirei certamente a capacidade de o fazer, mesmo que não a tenha no início." - Mahatma Gandhi

Índice

CAPÍTULO 1

INTRODUÇÃO

Este capítulo tem por objetivo dar ao leitor uma ideia do que é uma empresa social, definindo, em primeiro lugar, as empresas sociais e a economia social e, em segundo lugar, apresentando o problema da investigação.

1.1 O que é uma empresa social?

As empresas sociais podem ser definidas em função da sua forma jurídica, uma vez que algumas são constituídas como instituições de solidariedade social e outras como sociedades de responsabilidade limitada. As empresas sociais abrangem uma gama diversificada de serviços, incluindo cuidados infantis, cuidados a idosos, cuidados a pessoas com deficiência, informação, transportes, reciclagem e serviços ambientais, habitação, instalações desportivas e de lazer, projectos artísticos, culturais e patrimoniais, educação e formação, serviços de comunicação social e apoio social e à juventude. Durante a realização deste estudo de investigação, as definições que se seguem são duas das mais claras e definidoras que a investigação encontrou.

> "Uma empresa social é uma empresa com objectivos essencialmente sociais cujos excedentes são principalmente reinvestidos para esse fim na empresa ou na comunidade, em vez de serem orientados pela necessidade de maximizar o lucro para os acionistas e proprietários." DTI, (2002), p. 7.

> "As empresas sociais são organizações ou empresas movidas principalmente por motivos sociais e/ou ambientais e que se dedicam ao comércio para atingir esses objectivos. A propriedade da empresa pertence a uma comunidade ou a pessoas com um interesse comum; os excedentes gerados pela empresa são reinvestidos para promover os seus objectivos sociais. A empresa social tem um forte objetivo de criação de emprego para ajudar as pessoas e as comunidades locais. "Não empregamos pessoas para embalar ou fazer rosetas. Nós contratamos e fazemos rosetas para empregar pessoas." SETF/DEP, (2011), p. 2

Algumas das principais caraterísticas identificáveis que o investigador encontrou nas empresas sociais são as seguintes

- São organizações autónomas criadas para fins sociais.
- São movidos por objectivos sociais e por um forte desejo de beneficiar a comunidade local.
- Dispõem de estruturas identificáveis e de um processo de decisão claro.
- Todos os lucros excedentários são reinvestidos na empresa.
- Há uma forte ênfase na criação de emprego local.
- Exercem uma atividade comercial - bens e/ou serviços.

O sector das empresas sociais é constituído por organizações independentes do Estado, mas que podem receber financiamento do Estado e contribuir para a prestação de serviços públicos.

Também se pode afirmar que as principais caraterísticas de uma empresa social são

- São organizações autónomas criadas por cidadãos locais.
- São movidos por objectivos sociais e pelo desejo de beneficiar a população local comunidade.
- O envolvimento numa atividade produtiva contínua - bens e/ou serviços.
- Dispõem de estruturas participativas e de processos de decisão.
- Reinvestem todos os lucros na sua empresa.
- Proporcionam emprego local". Clarke e Eustace, (2003), p.3

Na sua apresentação ao governo em 2005, a PLANET articulou uma definição de empresa social. A PLANET defendeu que uma empresa social é uma empresa que tem:

- "Um objetivo explícito de benefício para a comunidade.
- Atividade contínua que produz bens e/ou oferece serviços.
- Um elevado grau de autonomia, ou seja, não é gerido por autoridades públicas ou outras organizações.
- Um nível significativo de risco económico.

- Contrata um número mínimo de trabalhadores remunerados.

- É lançado por um grupo de cidadãos.

- O poder de decisão não se baseia na propriedade do capital, por exemplo, na existência de um homem, um voto ou numa votação estritamente limitada a uma percentagem definida de votos.

- Uma natureza participativa que envolve as pessoas afectadas pela atividade, por exemplo, consumidores, trabalhadores.

- Distribuição limitada ou inexistente dos lucros". Clarke e Eustace, (2003), p.7.

1.2 Economia social

Para efeitos da presente investigação, definiremos também a economia social. A economia social pode ser definida como:

"O conjunto de empresas privadas, formalmente organizadas, com autonomia de decisão e liberdade de adesão, criadas para satisfazer as necessidades dos seus membros através do mercado, produzindo bens e fornecendo serviços, seguros e financiamento, em que a tomada de decisões e qualquer distribuição de lucros ou excedentes entre os membros não estão diretamente ligados ao capital ou às taxas contribuídas por cada membro, cada um dos quais tem um voto ou, em todo o caso, têm lugar através de um processo de tomada de decisões democrático e participativo. A economia social também inclui organizações privadas, formalmente organizadas, com autonomia de decisão e liberdade de adesão, que produzem serviços não mercantis para as famílias e cujos excedentes, se existirem, não podem ser apropriados pelos agentes económicos que as criam, controlam ou financiam." Chaves e Monzon, (2012), p.22.

A economia social também pode ser por vezes referida como o terceiro sector. As empresas sociais fazem parte do chamado Terceiro Setor.

"O Terceiro Setor é constituído por organizações independentes do Estado, mas que podem receber financiamento do Estado e podem também contribuir para a prestação de serviços públicos. Têm sobretudo objectivos sociais." Clarke e Eustace, (2009), p. 7.

As organizações comunitárias e as empresas sociais fazem parte da economia social. O diagrama seguinte mostra os três sistemas da economia.

Figura 1

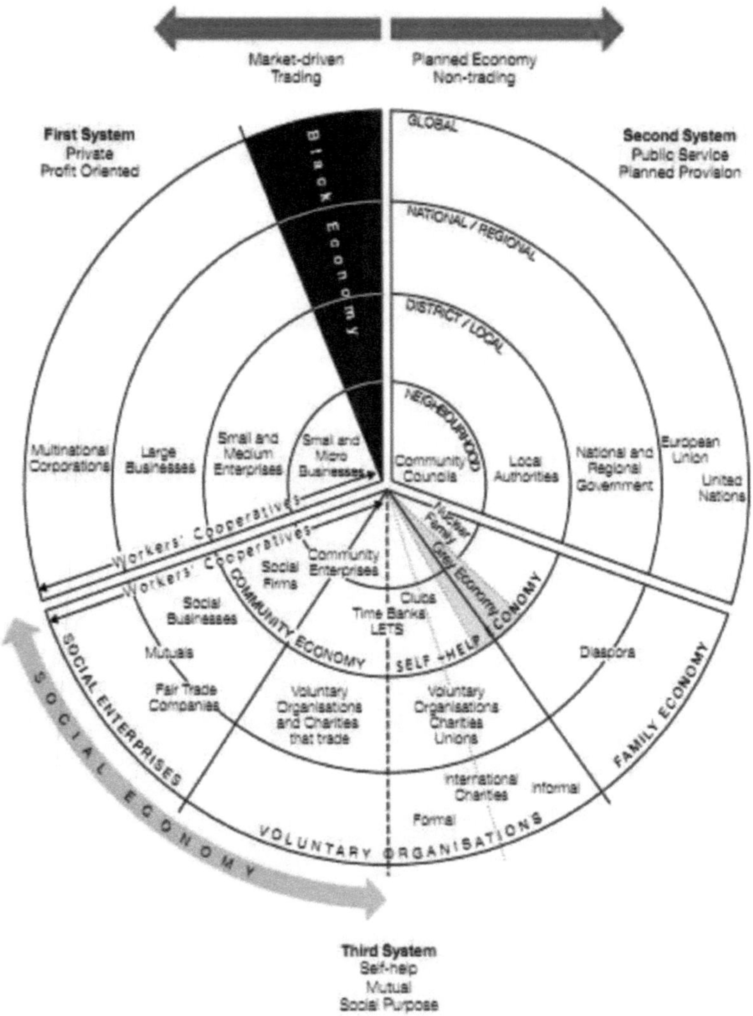

Figure 4 The three systems of the economy
Pearce, J. (2003) Social Enterprise in Anytown

1.3 Declaração do problema

A investigação investigará o perfil atual das empresas sociais na Irlanda, determinando se a empresa social pode aumentar a sustentabilidade das organizações comunitárias. O empreendedorismo social está a tornar-se rapidamente a nova "palavra de ordem" no sector comunitário irlandês. No entanto, o que significa para o sector como um todo e será que o conceito terá um impacto significativo no futuro? Nos EUA, "a filantropia de risco financiada pelos super-ricos socialmente conscientes deu origem a uma nova geração de empreendimentos sociais de elevado crescimento, infundidos com o ethos de Silicon Valley" Leadbeater, (2007), p.87. O empreendedorismo social pode ter uma enorme influência no crescimento de uma economia dinâmica e inovadora na Irlanda, permitindo assim a maximização do valor social. O sector das empresas sociais continua relativamente subdesenvolvido na Irlanda e não atingiu os níveis observados no Reino Unido ou nos seus congéneres europeus. A empresa social deve ser considerada parte integrante da infraestrutura económica e social de um país. O Reino Unido reconhece-a como um sector distinto e o Gabinete Britânico inclui um Ministro para a Empresa Social e o Gabinete do Terceiro Setor.[1]

O Gabinete do Terceiro Setor era uma divisão do Gabinete do Ministro dedicada a liderar e coordenar o trabalho do governo relacionado com o sector. Passou a designar-se Gabinete para a Sociedade Civil após as eleições gerais de 2010.

Nos Estados Unidos da América, o Presidente Obama anunciou a criação do Fundo de Inovação Social nos Estados Unidos para "identificar os programas sem fins lucrativos mais promissores e orientados para os resultados e alargar o seu alcance a todo o país". The Whitehouse, (2012).

Atualmente, na Irlanda, o governo aceita que a situação tem de ser resolvida, com as empresas sociais a aparecerem no programa de governo pela primeira vez em 2011.

"Empresas sociais - O Governo promoverá o desenvolvimento de um sector
sector das empresas sociais vibrante e eficaz. Daremos instruções às agências para considerarem

[1] Purser (2009), p.8.

empresas sociais como actores importantes no rejuvenescimento das economias locais. Continuaremos a apoiar projectos de inovação social para os jovens através da educação, da comunidade e de estruturas de voluntariado". Department of the Taoiseach, (2011), p.13.

O Ministro de Estado da Investigação e Inovação, Sean Sherlock TD, foi incumbido pelo Taoiseach de liderar os esforços de todo o Governo para desenvolver o sector das empresas sociais, na sequência da publicação de um relatório do Forfas que mostra que o sector tem capacidade para duplicar o emprego, com a criação de mais 25 000 postos de trabalho até 2020.[2]

Na atual crise económica, as pressões financeiras estão a agravar os problemas sociais existentes, como a pobreza e o desemprego. Segundo J. Gregory Dees, o empreendedorismo social é necessário para atenuar as repercussões financeiras nos mais vulneráveis da sociedade.

> "À medida que os orçamentos do governo, das empresas e dos agregados familiares se tornam mais apertados, os esforços dispendiosos de proteção e limpeza do ambiente ficam comprometidos porque muitas questões sociais e ambientais são sensíveis ao tempo. Não reconhecer a importância do espírito empresarial social e não prestar apoio adequado a esses esforços durante esta recessão seria um erro grave." Dees, (1998), p.5

Os tempos de dificuldade económica oferecem às sociedades a oportunidade de inovar e mudar. A sociedade irlandesa tem a oportunidade de reinventar a forma como os cidadãos podem afetar o processo de tomada de decisões e reforçar a sociedade democrática participativa. O baixo crescimento económico e o elevado desemprego deram origem a um sentimento de raiva nacional e à perda de fé no sistema político. Este novo panorama político e económico proporcionou uma plataforma a partir da qual novas ideias sobre a sociedade civil entraram no debate nacional. O empreendedorismo social pode ser visto como um instrumento para a mudança social nestes tempos difíceis.

Na Irlanda, foram tomadas algumas medidas para ajudar o sector, como o Programa de

[2] Forfas publica relatório sobre empresas sociais no âmbito do Plano de Ação para o Emprego

29th julho 2013

Economia Social e, mais recentemente, a Fundação de Finanças Sociais[3] . No entanto, ainda não existe um quadro ou uma estratégia coerente para o sector das empresas sociais. Em muitos países, o Terceiro Setor constitui um elemento significativo e crescente do Produto Interno Bruto (4% a 7% em toda a UE) Bacchiega e Borzaga, (2002). Consequentemente, alguns países, como o Reino Unido, desenvolveram políticas e estratégias nacionais para apoiar o crescimento e o desenvolvimento do sector. Entre elas, o Programa de Melhoria do Apoio às Empresas Sociais do Gabinete para a Sociedade Civil, que decorreu entre 2007 e 2011. O seu objetivo era melhorar a qualidade do apoio às empresas sociais e aumentar a aceitação desse apoio pelas empresas sociais.

Figura 2

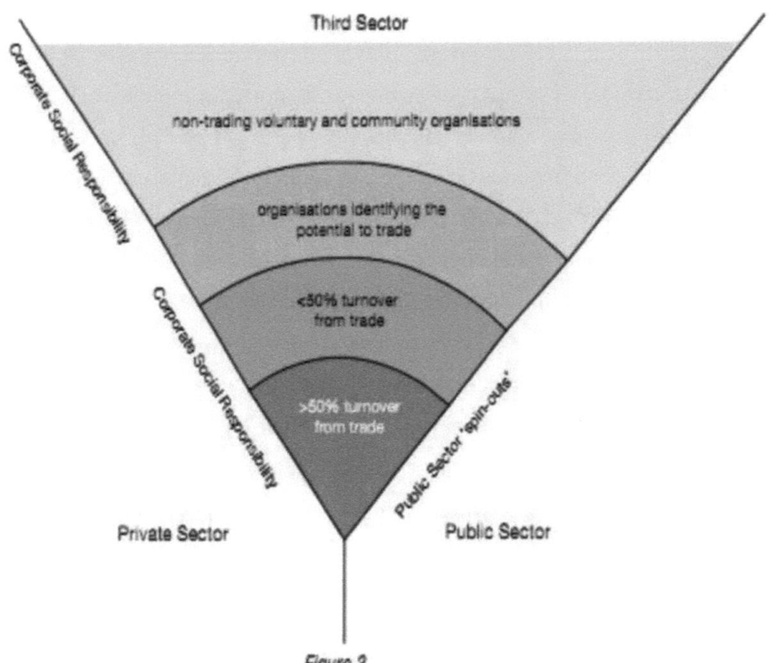

Figure 3

O Plano de Ação para as Empresas Sociais no País de Gales (2009)

[3] Em julho de 2006, o Governo aprovou a implementação da Iniciativa de Financiamento Social http://www.sff.ie/

CAPÍTULO 2

REVISÃO DA LITERATURA

A revisão da literatura terá como objetivo dar uma visão geral das empresas sociais e dos empreendedores sociais. Para o efeito, começaremos por analisar a história académica das empresas sociais e do empreendedorismo social e, em seguida, analisaremos as caraterísticas que definem os empreendedores sociais. Em seguida, discutiremos o sector das empresas sociais tanto na Irlanda como no Reino Unido.

2.1 História do empreendedorismo social - Panorama académico.

Algumas das origens das funções das empresas sociais no seio das organizações podem ser observadas com a ideia de utilizar o marketing "relacionado com a causa", que surgiu pela primeira vez com Jerry Welsh, Vice-Presidente Executivo, Marketing e Comunicações Mundiais, American Express, "Welsh é reconhecido como o pai do marketing relacionado com a causa, um conceito que desenvolveu e marcou o serviço durante os seus anos na American Express. O primeiro projeto foi a campanha da empresa em 1983 para restaurar a Estátua da Liberdade: A American Express doou um cêntimo para o esforço de cada vez que os clientes utilizavam cartões American Express ou cheques de viagem. O programa angariou 1,7 milhões de dólares, o número de novos titulares de cartões aumentou 45% e a utilização dos cartões e cheques cresceu 28%." The Institute for Social Entrepreneurs, (2008), p.14.

"Should Not-for-Profits Go into Business?" Harvard Business Review, de Edward Skloot, foi o primeiro artigo aceite pela Harvard Business Review e o primeiro artigo sobre organizações sem fins lucrativos publicado pela revista.

A Iniciativa para a Empresa Social da Harvard Business School foi lançada por John C. Whitehead, que fez uma doação de 10 milhões de dólares para a iniciativa. Esta iniciativa deu origem ao primeiro programa académico formal neste domínio e ao primeiro curso sobre "Empreendedorismo no Setor Social" (desenvolvido por Dees).

> "A rede universitária para fundadores de empreendedores sociais: Ashoka, Skoll Centre for Social Entrepreneurship, Social Enterprise Knowledge Network, European Research Network (EMES) A Rede Universitária para o Empreendedorismo Social trabalha com professores e investigadores, profissionais e estudantes para desenvolver o

empreendedorismo social como uma vocação e levar os seus princípios a outras disciplinas e sectores Concebida para ser um centro de recursos e um fórum de discussão orientado para a ação para expandir a educação e a participação no empreendedorismo social em todo o mundo." Instituto de Empreendedores Sociais, (2008), p.26

2.2 O empreendedor social

O empreendedor social utiliza as competências empresariais para fazer o bem social. De acordo com J. Gregory Dees, o empreendedorismo social "combina a paixão de uma missão social com uma imagem de disciplina, inovação e determinação de cariz empresarial, normalmente associada, por exemplo, aos pioneiros da alta tecnologia de Silicon Valley" Dees, (1998), p.79. As energias filantrópicas do empresário social são canalizadas para empreendimentos empresariais, criando valor no negócio de modo a que os consumidores estejam dispostos a pagar pelos bens e serviços e, ao fazê-lo, o empresário social obtém um lucro que é investido nos empreendimentos sociais. De acordo com Martin e Osberg, "o Empreendedor Social tem como objetivo o valor sob a forma de um benefício transformacional em grande escala que reverte para um segmento significativo da sociedade ou para a sociedade em geral". Martin e Osberg, (2007), p.34

O empreendedor social direciona os seus programas para a "população mal servida, negligenciada ou altamente desfavorecida que não dispõe de meios financeiros ou de influência política para alcançar o benefício transformador por si só". Martin e Osberg, (2007), p.38

Embora relativamente pequeno na Irlanda, o sector continua a ser importante e tem um potencial de desenvolvimento considerável.

2.3 As caraterísticas que definem os empreendedores sociais

Vamos agora analisar o conceito de empreendedor social, uma vez que, muitas vezes, um indivíduo ou um grupo de indivíduos pode ser a força motriz de uma empresa social. Os empresários sociais podem ter as seguintes caraterísticas definíveis:

"Os empresários sociais são:

- Catalisadores sociais - São visionários que criam mudanças sociais fundamentais através da reforma dos sistemas sociais e da criação de melhorias sustentáveis. Segundo J. Gregory Dees, "embora possam agir localmente, as suas acções têm o potencial de estimular melhorias globais nas áreas que escolheram, quer se trate da educação, dos cuidados de saúde, do desenvolvimento económico, do ambiente, das artes ou de qualquer outro domínio social".
- Socialmente conscientes - A melhoria social, por oposição à criação de lucro, deve ser o objetivo final dos empresários sociais. O sucesso dos seus empreendimentos é medido pelo seu impacto social e não pelo montante dos lucros gerados.
- Procura de oportunidades - Perseguem os seus objectivos incansavelmente, vendo cada obstáculo como uma oportunidade para desenvolver e aperfeiçoar os seus modelos de negócio.
- Inovadores - São criativos, dispostos a pensar fora da caixa e prontos a aplicar ideias a novas situações. Compreendem que nem todas as inovações serão bem sucedidas e encaram os fracassos como oportunidades de aprendizagem, mesmo quando se esforçam por alcançar o sucesso.
- Recursos - As suas visões não são limitadas pelos recursos de que dispõem. Além de optimizarem a utilização dos recursos existentes, expandem ativamente o seu conjunto de recursos através da colaboração com outros.
- Responsabilidade - Os empresários sociais são responsáveis perante os seus beneficiários e perguntam frequentemente a si próprios: "Estou a criar valor para as pessoas que estou a servir? Compreendo as suas necessidades?" Isto porque os empresários sociais querem saber se estão realmente a causar impacto. São também responsáveis perante os investidores, que querem saber se as suas contribuições estão de facto a estimular melhorias sociais, tal como prometido pelos empresários sociais." Dees, (2009), p. 4 - 5)

Embora esta não seja uma lista definitiva de caraterísticas, é uma orientação sólida para identificar um empreendedor social.

Figura 3

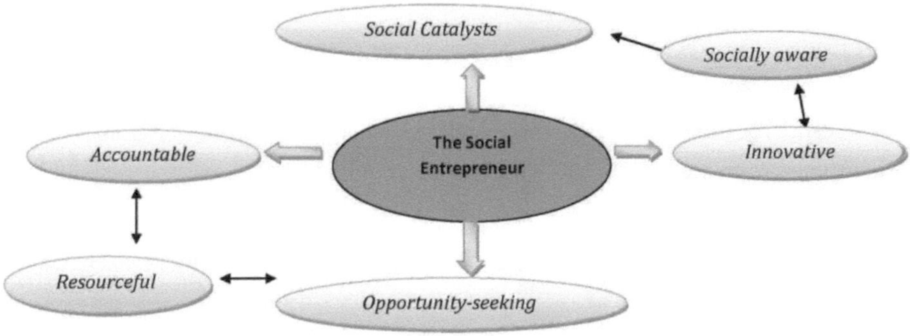

2.4 Qual é a diferença entre empreendedorismo e empreendedorismo social?

O objetivo final do empresário social é o impacto social. Para o empresário social, a criação de riqueza é simplesmente um meio para atingir um fim. O empresário social participa em projectos empresariais com fins lucrativos, mas apenas para utilizar os lucros gerados para criar benefícios sociais para toda a comunidade.

Há também os empresários que se concentram tanto na vertente empresarial como na vertente social.

2.5 Empreendedorismo social: Não apenas caridade

O empreendedorismo social não deve ser confundido com caridade. Enquanto a caridade reflecte a compaixão do benfeitor pela humanidade e é medida em termos da generosidade das doações aos menos afortunados, o empreendedorismo social reflecte mais do que as boas intenções dos seus praticantes, que não são apenas movidos pela compaixão, mas também pelo desejo de mudança social. Uma organização sem fins lucrativos que pratica o empreendedorismo social não depende fortemente de fundos de doadores ou de financiamento governamental, porque cria programas sociais que se destinam a ser auto-sustentáveis. Os empresários sociais gerem as contribuições dos doadores de uma forma eficaz , investindo em empreendimentos sociais que podem depois gerar as suas próprias receitas para se sustentarem.

Fulton sublinha a necessidade de as pessoas valorizarem o impacto social que os seus donativos estão efetivamente a ter:

> "Na sociedade, gostaria que fosse dado mais valor ao impacto social e ao sucesso do que às boas intenções, ao marketing eficaz ou à gravidade da necessidade que se pretende servir. Gostaria de ver uma mudança fundamental na ética ou na cultura em torno disso. Ainda temos o efeito persistente de uma cultura de caridade, que honra as pessoas pelo seu sacrifício - o quanto elas dão e a pureza dos seus motivos. A palavra caridade vem da palavra "caritas", que em latim significa amor ou compaixão. Estamos a recompensar as pessoas por demonstrarem o seu amor pela humanidade, mas nem sempre estamos atentos para ver se isso tem o impacto pretendido. Por isso, gostaria de ver uma mudança ética, para que honrássemos as pessoas pelo impacto que tiveram diretamente, ou indiretamente, ao escolherem apoiar programas e organizações e indivíduos que tiveram impacto, e não apenas pelo quanto dão ou quão generosos são." Fulton, (2009), p.8.

Além disso, os empresários sociais têm de identificar oportunidades que tenham o potencial de mudar o mundo. Nas palavras de Martin J Fisher e Kevin Starr, os autores de Real Good, Not Feel Good:

> "Já não nos podemos dar ao luxo de gastar fundos escassos em coisas que simplesmente nos fazem sentir bem. Em vez disso, temos de apoiar iniciativas que façam um bem real e que tenham o potencial de gerar soluções duradouras e em grande escala para os maiores problemas do mundo." Fisher, (2009), p.44.

2.6 Inovação - Uma ferramenta para melhorar a sociedade

Davis utiliza uma citação de Drayton para ilustrar este ponto.

> "Há muitas pessoas criativas, altruístas e eticamente boas com ideias inovadoras. No entanto, apenas uma em muitos milhares dessas boas pessoas tem a qualidade empresarial necessária para gerar uma mudança social sistémica em grande escala. A qualidade empreendedora também não significa a capacidade de liderar, administrar ou

fazer com que as coisas sejam feitas; há milhões de pessoas que podem fazer essas coisas. Em vez disso, refere-se a alguém que tem uma caraterística muito especial - alguém que, no âmago da sua personalidade, tem absolutamente de mudar um padrão importante em toda a sua sociedade. São muito poucas as pessoas que têm esta motivação. A maioria dos académicos e artistas descansa quando exprime uma ideia; muitos gestores relaxam quando resolvem o problema apenas da sua empresa ou instituição; e a maioria dos profissionais fica feliz quando satisfaz um cliente. Só o empresário é que não pode literalmente parar até ter mudado toda a sociedade." Davis, (2002), p.6.

Davis dá uma visão interessante sobre a mentalidade do empreendedor social, salientando que a força motriz dos indivíduos deve ser algo maior do que satisfazer um cliente, etc.

2.7 Progressão das empresas sociais

Em 1997, o sector das empresas sociais atingiu um marco importante no Reino Unido quando o Primeiro-Ministro Tony Blair apoiou as empresas sociais. No seu primeiro grande discurso como primeiro-ministro, em junho de 1997, Blair falou da importância das empresas sociais para a sua nova administração. De acordo com o seu Conselheiro Principal para a Política Social, Geoff Mulgan, "Blair considerava as empresas sociais como uma parte essencial do impulso para um Estado mais flexível e adaptável, mais em contacto com as comunidades reais e mais capaz de tirar o máximo partido dos recursos limitados" The Institute for Social Entrepreneurs, (2008), p.30. Durante a década seguinte, a Administração Blair promoveu uma vasta gama de programas destinados a fazer avançar o movimento das empresas sociais.

O Primeiro-Ministro Tony Blair criou então uma Unidade de Empresas Sociais no Departamento de Comércio e Indústria do Reino Unido, que é dirigida por Patricia Hewitt.

"Barbara Phillips é nomeada primeira diretora da Unidade de Empresas Sociais Jerr Boschee torna-se conselheiro da unidade e, durante os quatro anos seguintes, organiza seminários, workshops e sessões de consultoria nas nove regiões de Inglaterra, no País de Gales, na Escócia e na Irlanda do Norte" Evolution of the social enterprise industry". The Institute for Social Entrepreneurs, (2008), p.49.

Espera-se que estes progressos mostrem o que é possível alcançar na Irlanda no futuro. Um reconhecimento de alto nível por parte do governo aumentaria consideravelmente o perfil do sector social.

2.8 A grande sociedade e as empresas sociais no Reino Unido

A investigação irá agora analisar a situação das empresas sociais no Reino Unido, analisando como funcionam os seus modelos actuais. Na oposição, a procura de uma ideologia por parte de David Cameron levou-o a idealizar "A Grande Sociedade" no Reino Unido. A sua visão era que o povo britânico encontrasse os recursos e as empresas para melhorar a sua vida, em vez de depender do Estado. Como slogan, foi difícil de vender ao público britânico, mas agora que Cameron é Primeiro-Ministro, "A Grande Sociedade" e as empresas sociais são agora componentes integrais da política pública. Tem o seu próprio ministro, Nick Hurd, e um conjunto de salas junto a Downing Street no novo Gabinete para a Sociedade Civil.

A agenda da "Grande Sociedade" tem três vertentes principais, apresentadas no sítio Web do Governo.

- "Capacitação **da comunidade** **capacitação da comunidade**: dar aos conselhos locais e

  Os bairros têm mais poder para tomar decisões e moldar a sua zona. As nossas reformas do planeamento, lideradas pelo DCLG, substituirão o antigo sistema de planeamento de cima para baixo por um verdadeiro poder para os bairros decidirem o futuro da sua zona.

- **Abertura dos serviços públicos**: as nossas reformas dos serviços públicos permitirão que as instituições de caridade, as empresas sociais, as empresas privadas e as cooperativas detidas pelos trabalhadores concorram para oferecer aos cidadãos serviços de elevada qualidade.

O programa "welfare to work", liderado pelo Ministério do Trabalho e das Pensões, permitirá a um vasto leque de organizações ajudar o Reino Unido a sair da assistência social e a entrar no mercado de trabalho.

- **Ação social**: incentivar e permitir que as pessoas desempenhem um papel mais ativo na sociedade. O Serviço Nacional de Cidadania, os Organizadores Comunitários e o Community First incentivarão as pessoas a participarem nas suas comunidades."

Informações do sítio Web www.gov.uk.

O Gabinete para a Sociedade Civil, que faz parte do Gabinete do Governo do Reino Unido, trabalha em todos os departamentos governamentais para traduzir a agenda da Grande Sociedade em políticas práticas e presta apoio a organizações voluntárias e comunitárias. O Gabinete também desenvolve uma série de programas para ajudar a aumentar a participação dos cidadãos britânicos na sociedade.

Espera-se que isto também dê mais poder às comunidades. Ser-lhes-á igualmente concedido mais poder para reformar o sistema de planeamento, de modo a que os bairros tenham mais voz ativa na determinação da forma dos locais onde vivem. A população local terá mais poder para salvar instalações e serviços locais ameaçados de encerramento, ao mesmo tempo que lhe será dado o direito de concorrer à aquisição de serviços geridos pelo governo. Isto reforçará efetivamente a participação pública e dará aos indivíduos um verdadeiro sentido de propriedade. Estão também a ser tomadas medidas para incentivar o voluntariado, incluindo o lançamento de um "Dia da Grande Sociedade" a nível nacional e a inclusão da participação regular na comunidade como elemento fundamental da avaliação do pessoal da função pública.

À primeira vista, esta parece ser uma óptima visão para o futuro da sociedade civil, mas muitos argumentam que "A Grande Sociedade" é uma fraude e tem sido criticada por pessoas que pensam que não tem sentido ou que é uma máscara para cortar nos serviços públicos. Há uma grande secção à esquerda do espetro político no Reino Unido que se opõe totalmente a esta ideologia e resta saber se alguma vez será consensual em toda a sociedade.

Assistimos também à apresentação de um projeto de lei sobre a importação de empresas sociais no Reino Unido, o que prova que estas são agora parte integrante das políticas públicas. Espera-se que, na Irlanda, um projeto de lei semelhante possa reforçar o sector das empresas sociais.

Projeto de lei dos serviços públicos (empresas sociais e valor social) 2010-11

Resumo do projeto de lei

O projeto de lei visa reforçar o sector das empresas sociais e tornar o conceito de "valor social" mais relevante e importante na colocação e prestação de serviços públicos.

Áreas-chave

- impõe ao Secretário de Estado a obrigação de publicar uma "estratégia nacional para as empresas sociais", a fim de incentivar a participação nas empresas sociais
- altera a Secção 4 da Lei do Governo Local de 2000 para que as autoridades locais sejam obrigadas a incluir na sua estratégia comunitária sustentável propostas para promover o envolvimento das empresas sociais na sua área. Devem também incluir uma declaração das medidas sugeridas para permitir que as empresas sociais participem na execução dessas propostas
- exige que as autoridades locais, ao celebrarem contratos públicos, tenham mais em conta o bem-estar económico, social ou ambiental durante a fase de pré-contratação." U.K Public services, (2010), p.1.

No Reino Unido, existe um grande volume de atividade nesta área e espera-se que a Irlanda possa seguir o exemplo, a fim de elevar o perfil do sector na cena nacional no futuro.

2.9 O programa Breakthrough in Ireland é mencionado pela primeira vez no programa de governo.

Em 2011, as empresas sociais conseguiram finalmente entrar na cena nacional irlandesa ao fazerem parte do programa de governo.

"Empresas sociais - O Governo promoverá o desenvolvimento de um sector de empresas sociais dinâmico e eficaz. Daremos instruções às agências para que considerem as empresas sociais como intervenientes importantes no rejuvenescimento das economias locais. Continuaremos a apoiar projectos de inovação social para jovens através da educação, da comunidade e de estruturas de voluntariado." Department of the Taoiseach, (2011), p.13.

Este facto pode ser visto como um marco considerável na República da Irlanda, uma vez que aumenta significativamente o perfil do sector.

2.10 Relatórios das empresas sociais

Foram publicados numerosos relatórios sobre as empresas sociais. Um tema recorrente parece ser o aumento da visibilidade do sector.

> "A sensibilização é fundamental para o desenvolvimento do sector das empresas sociais na região de Dublim. Um sector de empresas sociais mais forte teria maior capacidade para pressionar o Estado no sentido de obter uma série de apoios para consolidar e desenvolver o sector. Talvez o maior obstáculo ao desenvolvimento do sector seja o número de organizações "sem fins lucrativos" que não se consideram empresas sociais. A vantagem de reforçar o sector é que aumentaria a probabilidade de se estabelecer uma rede forte na região de Dublin." Doyle, (2009), p.13.

Figura 4

Opportunities	Constraints	Solutions
The social enterprise sector could be strengthened.	Not-for-profit organisations not identifying themselves as social enterprises.	It would be important to demonstrate the potential benefits to individual social enterprises of a vibrant sector.

5.1.2 Construir o sector das empresas sociais

Doyle, (2009)

Ao aumentar o perfil do sector, espera-se que a empresa social possa tornar-se uma componente central da política governamental.

2.11 Vantagens das empresas sociais.

O relatório do Grupo de Trabalho para as Empresas Sociais, uma iniciativa do Clann Credo e do Pacto para o Emprego de Dublim, descreve os seguintes benefícios das empresas sociais.

"Os muitos benefícios da empresa social

1. Preenchimento de "lacunas de serviços" através da prestação de serviços não fornecidos nem pelo sector privado nem pelo sector público O Accessible Community Transport Southside (ACTS) fornece transporte acessível porta a porta, de acordo com a procura, para pessoas com deficiência e dificuldades de mobilidade no sul e oeste de Dublim. Funciona sete dias por semana, 15 horas por dia (das 7h às 22h) e também presta um serviço fora de horas. A ACTS transporta pessoas para o trabalho, centros de formação e centros de dia. Nas horas de menor afluência, a empresa ajuda as pessoas a deslocarem-se a consultas médicas ou dentárias, às compras ou a eventos sociais." The Task Force on Social Enterprise, (2010), p.8.

Preencher as lacunas de serviços que não podem ser satisfeitas pelo sector público ou privado é a essência de uma empresa social.

2. "As empresas sociais são flexíveis e respondem às necessidades locais A Limerick Enterprise Development Partners (LEDP) foi criada em resposta ao encerramento, em 1999, da fábrica da Krups em Roxboro, com o objetivo de manter o emprego na zona local. As suas actividades abrangem a regeneração do emprego, a educação, a formação e o apoio às empresas comunitárias e às microempresas em fase de arranque, a provisão de financiamento social e o desenvolvimento comunitário. A LEDP desenvolveu uma atividade comercial considerável para apoiar a sua agenda social. É autossuficiente e conseguiu-o através do aluguer de unidades a empresas comerciais. Reinveste os excedentes que obtém no desenvolvimento de novos projectos e no apoio às comunidades locais através de subsídios, principalmente para projectos de educação e formação." The Task Force on Social Enterprise, (2010), p.8.

O facto de as empresas sociais poderem ser flexíveis em termos da sua prestação é fundamental.

3. "Ajudar as pessoas a regressarem ao trabalho e a tornarem-se activas na sua comunidade A Speedpak, sediada em Coolock, na zona norte de Dublim, foi criada para fazer com que os desempregados de longa duração e os socialmente excluídos (por exemplo, ex-reclusos, toxicodependentes em recuperação) regressem ao trabalho. A empresa acredita que a melhor forma de o conseguir é através da imersão das pessoas num ambiente de trabalho. A empresa tem duas operações comerciais principais: a primeira fabrica e fornece rosetas, enquanto a outra presta um serviço de embalagem por contrato a empresas. Os trabalhadores recebem apoio de mentores, formação no local de trabalho e assistência no desenvolvimento pessoal. Mais de 500 pessoas trabalharam e foram apoiadas pela Speedpak para regressarem ao mundo do trabalho. Isto é muito mais construtivo e económico do que ter pessoas sem trabalho e dependentes da segurança social. Em 2010, a Speedpak recebeu um prémio do Fundo Arthur Guinness pelo seu trabalho. Ver Anexo A para mais pormenores". The Task Force on Social Enterprise, (2010), p. 8.

As empresas sociais têm como alvo as minorias da sociedade, ou seja, os desempregados. No centro das empresas sociais está a mudança social.

4. "Responder às necessidades da comunidade de forma inovadora A Clondalkin Community Recycling Initiative (CCRI) foi criada para resolver o problema do despejo ilegal de produtos eléctricos . Recolhe e recicla resíduos eléctricos e electrónicos e gere um serviço de recolha na berma da estrada. Também se desloca a casa dos idosos para recolher os resíduos. Desenvolveu novas e inovadoras utilizações para os tambores de resíduos das máquinas de lavar e secar roupa, utilizando-os mesmo como suportes para plantas de jardim! Isto abriu uma nova via para a empresa. Atualmente, está a analisar a viabilidade de restaurar alguns produtos eléctricos para reutilização, como os cortadores de relva." The Task Force on Social Enterprise, (2010), p.8.

As empresas sociais têm a oportunidade de inovar onde o público pode não ter essa oportunidade.

5. "Cumprindo a agenda ecológica, a Camara pega em PCs antigos e renova-os utilizando software de fonte aberta, antes de os enviar para escolas e colégios em

toda a África. O Ballybay Wetland Centre dedica-se à educação e sensibilização ambiental e ao ecoturismo. A Heat and Energy Action Tallaght (HEAT) especializa-se no isolamento de paredes e sótãos e candidatou-se com êxito a contratos com as autoridades locais para realizar este trabalho. A Sunflower Recycling foi criada para criar emprego no centro da cidade de Dublin, recolhendo e processando resíduos recicláveis de escritórios e grupos comunitários. Criou também a Busy Bees para recolher, reciclar e revender mobiliário usado, desviando-o assim dos aterros sanitários". The Task Force on Social Enterprise, (2010), p.8.

As empresas sociais podem também ser benéficas para sectores como o turismo ecológico, aumentando assim a sua produção de benefícios sociais.

6. "Realização de investimentos estatais e filantrópicos, apoiando a regeneração urbana e rural. Lisdoonan é uma pequena aldeia no condado de Monaghan. Há alguns anos, foi criada uma empresa de desenvolvimento para ajudar a desenvolver as comodidades locais, tais como um salão comunitário, um bar e instalações recreativas. O empreendimento cresceu nos últimos 15 anos, desenvolvendo habitação social para os idosos, habitação a preços acessíveis para jovens casais, uma loja comunitária e melhorando o ambiente geral da aldeia. A comunidade também cresceu em resultado disso: há 15 anos tinha 600 habitantes, atualmente tem mais de 1 200.5". The Task Force on Social Enterprise, (2010), p.8.

Existe um enorme potencial de crescimento para as empresas sociais e, com a equipa certa, as possibilidades são infinitas.

> "Richard O'Shea - o Jovem Cientista do Ano de 2010 da BT - inventou um fogão de biomassa acessível para utilização no mundo em desenvolvimento. E fiel ao espírito da empresa social e ao conceito de Ashoka - partilhar a sua ideia para benefício dos outros - está literalmente a oferecer a sua invenção. Richard planeia agora dar formação a pessoas sobre como construir o seu fogão a partir de materiais locais, em vez de o colocar em produção comercial." The Task Force on Social Enterprise, (2010), p. 8.

A colaboração também é fundamental para o sucesso das empresas sociais.

8. "Com uma população de cerca de 5.000 habitantes, a cidade de Tipperary goza de uma forte cultura de empresa social que resulta num vasto leque de organizações geridas pela comunidade que prestam importantes serviços locais. Estas incluem:

- Moorhaven Garden Centre, criado para proporcionar formação, experiência profissional e emprego a pessoas com deficiência." The Task Force on Social Enterprise, (2010), p. 8.

O capital social é um dos mais importantes efeitos indirectos das empresas sociais. Este pode ser inestimável para as comunidades e para os indivíduos que as integram. Este relatório descreve os benefícios substanciais que uma empresa social pode trazer para as comunidades individuais e para a economia em geral.

2.12 Benefício económico das empresas sociais

PLANET - a Rede de Parcerias é a voz representativa das Parcerias baseadas na área ("Parcerias") na Irlanda. PLANET é uma cooperativa que é uma rede independente financiada inteiramente pelos seus membros. As Parcerias trabalham para promover a inclusão social através do desenvolvimento de áreas e comunidades desfavorecidas. Num estudo realizado por estas parcerias, Exploring Social Enterprises in nine areas in Ireland executive summary, Prepared By Ann Clarke & Anne Eustace Eustace Patterson Limited September 2009. O relatório concluiu, num inquérito a 106 empresas sociais, que o rendimento total destas organizações em 2008 foi de 41,2 milhões de euros. As despesas totais ascenderam a 38,5 milhões de euros, o que resultou num excedente global de 2,7 milhões de euros.

Figura 5

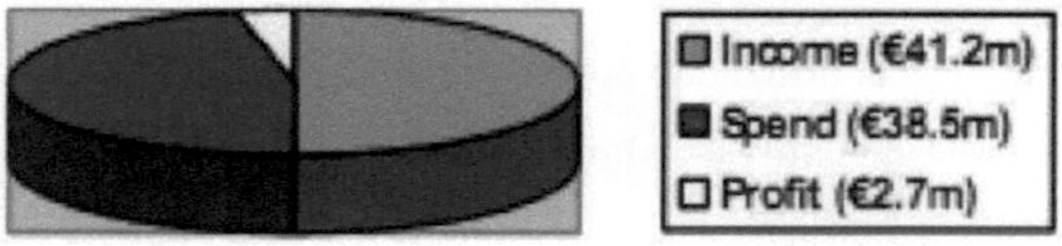

Pouco mais de um terço das receitas geradas em 2008 foram provenientes de actividades comerciais. O restante foi gerado através da execução de programas estatais, como o acolhimento de crianças e o emprego comunitário, e de subvenções públicas. Foram utilizados pequenos montantes de angariação de fundos, donativos privados e empréstimos bancários para complementar as principais fontes de rendimento.

Figura 6

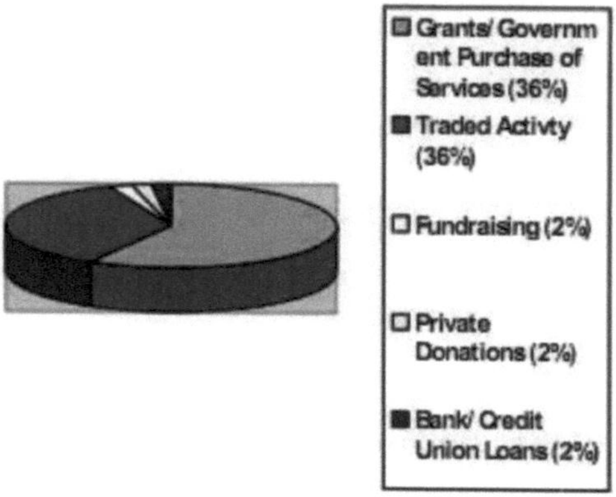

As organizações utilizaram os excedentes para reinvestir na atividade existente ou para desenvolver novas empresas sociais. Três quartos destas organizações registaram um excedente em 2008 ou atingiram o ponto de equilíbrio. No caso das que registaram perdas, a dimensão destas perdas foi relativamente modesta. Este perfil de baixo risco reflecte em parte a natureza adversa ao risco das empresas sociais, a gestão prudente das finanças e os critérios que as organizações devem satisfazer quando recebem financiamento público. Clarke e Eustace, (2009).

2.13 Será que uma empresa precisa de ser uma empresa social para ter um impacto social positivo?

O seguinte artigo do jornal The Guardian desafia o pressuposto de que uma empresa tem de ser uma empresa social para ter um impacto social positivo.

> "É frustrante para mim que o benefício social de empresas bem sucedidas seja frequentemente ofuscado pelas chamadas "empresas sociais" quando se trata do seu impacto positivo e do seu papel fundamental na sociedade.
>
> A minha empresa, o Grupo LNT, é reconhecida como uma das empresas de crescimento mais rápido no Reino Unido. As cinco principais empresas do grupo operam numa série de sectores, incluindo construção, lares de idosos, software, automóveis e produtos químicos. Damos emprego a 2.000 pessoas e somos apaixonados por proporcionar

> grandes ofertas aos clientes, quer se trate de carros de corrida ou de viver nos nossos lares.
>
> Há 25 anos que trabalho com e dentro das comunidades, principalmente no norte de Inglaterra. Estamos a criar mais 1.000 novos postos de trabalho este ano.
>
> Asseguro que todos os lucros voltam para o grupo para melhorar cada uma das empresas a nível social e ambiental, embora uma parte dos lucros vá diretamente para o pessoal sob a forma de pagamentos de dividendos sobre as acções que ofereci a cada um deles.
>
> Lawrence Tomlinson é um empresário do sector social, Sunday Times Rich Lister e presidente do LNT Group. Apresenta um argumento convincente sobre os impactos sociais positivos da sua atividade.
>
> Por que razão é tão importante que uma empresa ostente a "marca de empresa social" para demonstrar o seu impacto positivo na sociedade, quando é evidente que muitos de nós já o fazemos sem nos qualificarmos no sistema de "caixa de verificação" estabelecido pelos especialistas em empresas sociais? Será que o critério se tornou assim tão irrelevante? O facto é que as empresas estão mais conscientes dos desafios sociais e ecológicos que enfrentamos hoje em dia, e uma grande parte de nós já está a fazer as mudanças." Tomlinson, Guardian Professional, (2011)

Como já foi referido neste trabalho, as empresas sociais podem, por vezes, ser um conceito indistinguível, pelo que este artigo do The Guardian levanta uma questão importante sobre o sector. O diretor executivo do Channel 4, David Abraham, também explicou recentemente por que razão considera que o Channel 4 é uma empresa social.

> "Alguns poderão pensar que o estatuto de propriedade pública nos impede de sermos uma empresa social, uma vez que, claramente, o Channel 4 não é totalmente "autónomo do Estado" (uma das componentes da empresa social, de acordo com a Social Enterprise UK). Mas se olharmos para todos os outros elementos normalmente associados às empresas sociais, penso que não há muito que nos diferencie. A Social Enterprise UK define estas organizações como uma "empresa que actua em prol de um objetivo social e/ou ambiental

objetivo" e que tenha um "sentido claro da sua missão social". Obterá "a maior parte ou a totalidade das suas receitas através da venda de bens ou serviços". E reinvestirá esses rendimentos para promover a sua missão social". David Abraham, diretor executivo do Channel 4, The Guardien Newspaper, (2013)

O investigador constatou que existe um debate crescente à medida que cada vez mais organizações se identificam como empresas sociais devido à sua missão social. Com as organizações comunitárias, que procuram estabelecer funções de empresa social, este debate é bastante relevante, uma vez que terá um efeito de arrastamento para o sector das empresas sociais como um todo.

CAPÍTULO 3

METODOLOGIA DE INVESTIGAÇÃO

Este capítulo apresenta a metodologia de investigação adoptada. Em primeiro lugar, discute-se o que é a investigação e, em seguida, a estrutura e o processo da entrevista.

3.1 O que é a investigação?

Vários académicos concordam que a investigação é a descoberta de novas informações e, ao mesmo tempo, a análise e identificação das informações actuais.

"Utilização extensiva de referências cruzadas, exemplos de investigadores bem conhecidos e de como a investigação é relatada nas notícias, exemplos de investigação de estudantes e estudos de caso que foram reconhecidos a natureza iterativa do processo de investigação." Saunders, (2009), p.32.

O autor Martin Davies descreve a investigação como

"A investigação é um processo de recolha de dados de uma forma rigorosamente organizada. O produto final do processo de recolha de dados pode variar ao longo de um contínuo que vai da simples descrição à reflexão e interpretação. A tónica é colocada numa investigação, exploração ou descoberta estruturada. Em alguns contextos, as construções teóricas significam que o processo está longe de ser simples." Davies, (2007), p.13.

Os dados qualitativos são de natureza extremamente variada. Incluem virtualmente qualquer informação que possa ser recolhida e que não seja de natureza numérica. Os dados qualitativos podem ser descritos como

"Os dados quantitativos em bruto têm pouco significado para a maioria das pessoas. Por conseguinte, estes dados precisam de ser processados para se tornarem úteis, ou seja, para serem transformados em informação. As técnicas de análise quantitativa, como gráficos, diagramas e estatísticas, permitem-nos fazer isso: ajudam a explorar, apresentar, descrever e examinar relações e tendências." Saunders,(2009), p.414

Esta dissertação recorre à Investigação Qualitativa "A diversidade do que se designa por investigação qualitativa, devido à sua relevância para diferentes disciplinas e profissões, desafia qualquer pessoa a chegar a uma definição sucinta" Yin, (2011), p.7. Isto enquadra-se bem na visão dos investigadores de que a investigação da dissertação está longe de ser uma ciência exacta.

No entanto, a investigação qualitativa pode ter cinco caraterísticas distintas, de acordo com Yin,

> "1. estudar o sentido da vida das pessoas, em condições reais
>
> 2. Representar os pontos de vista e as perspectivas das pessoas (designadas, ao longo deste livro, por participantes) num estudo.
>
> 3. Abranger as condições contextuais em que as pessoas vivem
>
> 4. Contribuir para a compreensão de conceitos existentes ou emergentes que possam ajudar a explicar o comportamento social humano.
>
> 5. Esforçar-se por utilizar várias fontes de provas em vez de confiar apenas numa única fonte." Yin, (2011), p. 8.

Durante esta investigação, a metodologia de investigação utilizada será principalmente a da investigação qualitativa.

> "O ponto forte da investigação qualitativa é a sua capacidade de fornecer descrições textuais complexas da forma como as pessoas vivem uma determinada questão de investigação. Fornece informações sobre o lado humano de uma questão - isto é, comportamentos contraditórios, crenças, opiniões, emoções e relações dos indivíduos. Os métodos qualitativos também são eficazes na identificação de factores intangíveis, tais como normas sociais e status socioeconómico" Yeshiva University Fatherhood Project, (2002) p.1.

3.2 Entrevistas

A principal fonte de investigação primária utilizada nesta dissertação foram as entrevistas abertas. O investigador procurou entrevistar os intervenientes diretamente envolvidos no sector do empreendedorismo social ou nas organizações comunitárias. Além disso, foram realizadas entrevistas com indivíduos do espetro político e do Conselho Municipal de Dublin. A razão pela qual estas entrevistas foram selecionadas prende-se com o facto de cada entrevistado ter uma influência direta na questão do empreendedorismo social na Irlanda. Estes decisores-chave actuarão como actores importantes no futuro do empreendedorismo social na Irlanda.

As entrevistas podem assumir muitas formas diferentes, mas a maioria dos académicos concorda geralmente que se dividem em duas formas distintas: entrevistas estruturadas e entrevistas qualitativas. Vamos agora definir as entrevistas estruturadas e qualitativas.

3.3 Entrevistas estruturadas

É de notar que

> "Todas as entrevistas envolvem uma interação entre um entrevistador e um participante ou entrevistado.) As entrevistas estruturadas programam cuidadosamente esta interação. Em primeiro lugar, o investigador utiliza um questionário formal que enumera todas as perguntas a fazer. Em segundo lugar, o investigador adopta formalmente o mesmo comportamento e atitude consistentes ao entrevistar cada participante." Yin, (2011), p. 113.

Yin também observa: "Quando as pessoas utilizam o termo entrevista, referem-se normalmente a entrevistas estruturadas" Yin, (2011), p. 113.

3.4 Entrevistas qualitativas

Diz-se que este tipo de entrevista difere em dois aspectos das entrevistas estruturadas.

> "Em primeiro lugar, a relação entre o investigador e o participante não é estritamente guiada. Não existe um questionário que contenha a lista completa das perguntas a colocar a um participante. O investigador terá um quadro mental de perguntas de estudo, mas as perguntas especificamente verbalizadas, tal como colocadas a qualquer participante, serão diferentes consoante o contexto e o ambiente da entrevista.
>
> Em segundo lugar, o investigador qualitativo não tenta adotar um comportamento ou uma atitude uniforme em cada entrevista. Em vez disso, a entrevista qualitativa segue um modo de conversação, e a própria entrevista conduzirá a uma espécie de relação

social, com a qualidade da relação individualizada para cada participante." Yin, (2011), p. 134.

3.5 Entrevistas de investigação

O investigador propôs que as suas entrevistas incluíssem tanto uma entrevista estruturada com um questionário definido como uma entrevista qualitativa.

Na preparação das entrevistas, o investigador elaborou um conjunto padrão de perguntas, que foram colocadas a cada entrevistado. No entanto, o investigador tomou a decisão consciente de tornar as entrevistas abertas e informais. Como a área do empreendedorismo social está longe de ser uma ciência exacta, o investigador considerou que o estilo de entrevista informal produziria os melhores resultados. O investigador considerou que esta decisão se justificava, uma vez que as conclusões mais perspicazes da entrevista provinham de observações "improvisadas" feitas pelos entrevistados. Sendo a pergunta de investigação "Pode o desenvolvimento de uma componente de empresa social nas organizações comunitárias aumentar a sua sustentabilidade financeira?" O investigador estava à procura de um certo nível de pensamento original por parte dos entrevistados. Todas as entrevistas foram realizadas em 30 minutos (com exceção da entrevista a Ava Battles, que teve a duração de 45 minutos). Depois de respondidas as perguntas, o investigador deixou algum tempo para ter uma conversa informal sobre o sector das empresas sociais, na qual foi possível aferir algumas ideias pessoais dos entrevistados

Segue-se a lista dos entrevistados:

- Gerry Breen, Vereador e antigo Presidente da Câmara de Dublim
- Ava Battles, Diretora Executiva do Carmichael Centre
- Caroline Egan, responsável pela formação e desenvolvimento no Carmichael Centre
- Clodagh Kilmurry, Diretora-Geral do Swan Centre Rathmines
- Cody O' Reilly, Conselho Municipal de Dublin

A todos eles foram colocadas as mesmas perguntas-padrão compiladas para o processo de entrevista. As excepções são descritas nos resultados da minha entrevista.

3.6 Questionário

Ao elaborar o questionário, era importante ter em conta que o entrevistador não devia limitar o entrevistado com certos tipos de perguntas que poderiam limitar as suas respostas, também conhecidas como "perguntas fechadas".

Universal set of questions
Q 1. What is your own personal understanding of a Social Enterprise?
Q 2. Is it something that crops up within your organisation / line of work?
Q 3. Would you agree with the hypotheses that social enterprise come in two different forms (pure social enterprises and delivering public service)?
Q 4. Is there resistance within the community sector for the social enterprise concept?
Q 5. Is the soulution to cut backs within the community sector social enterprises?
Q6. Is this been seen in the UK with the roll out of the governments "Big society" programme?
Q7. Is the concept of social enterprise idealogical?
Q8. Can social enterprises be replicated? i.e the creation of a socail enterprise franchise?
Q9. Looking forward to the future do you envisige the social enterprise sector playing a key role in the irish community sector?

3.7 Análise de dados

Na análise de dados qualitativos, um dos processos mais importantes é o rigor com que estes são analisados.

"O rigor resulta do exercício de três precauções:

1. Verificar e voltar a verificar a exatidão dos seus dados.

2. Fazer uma análise tão exaustiva e completa quanto possível, em vez de cortar nos pormenores e
3. Reconhecer continuamente os preconceitos indesejados impostos pelos seus próprios valores quando está a analisar os seus dados." Yin, (2011), p 177.

Além disso, recomenda-se vivamente que se tome nota do memorando metodológico relevante durante o processo de investigação Yin (2011)

Figura 7

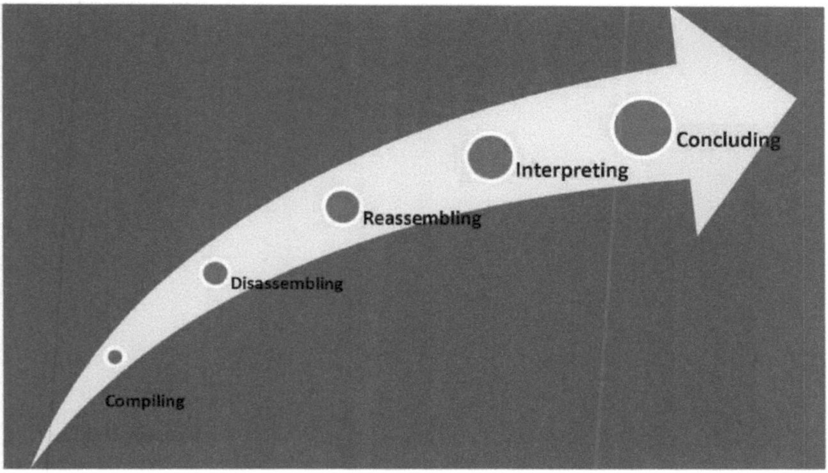

A análise começa com a compilação. Trata-se de ordenar as notas de campo recolhidas na recolha de dados. A compilação final pode ser considerada uma base de dados. A segunda fase, a Desmontagem, trata da decomposição dos dados. Este procedimento pode ser repetido várias vezes. A fase seguinte é o procedimento de remontagem. Esta fase é a sequência da fase anterior. A quarta fase, a interpretação, consiste em reunir os dados para criar uma nova narrativa. Esta fase pode incluir tabelas e gráficos. A quinta e última fase é a Conclusão. A conclusão deve estar relacionada com a fase de interpretação.

A redação de uma composição de investigação deve comunicar com exatidão os resultados de um estudo de forma convincente. O objetivo é comunicar a investigação ao público de leitores. A investigação qualitativa tem a capacidade de atingir uma variedade particularmente diversificada de públicos. Para comunicar eficazmente com o público-alvo, o investigador deve ter o cuidado de selecionar os meios de comunicação que transmitem a mensagem que pretende transmitir.

CAPÍTULO 4

ENTREVISTAS E O POTENCIAL PARA A SUSTENTABILIDADE DAS EMPRESAS SOCIAIS

Este capítulo do estudo de investigação analisa os estudos de caso relacionados com o sector das empresas sociais e as empresas sociais existentes. Espera-se que esta secção explore a função da empresa social no sector comunitário e encontre conclusões e recomendações que possam ser tiradas. Serão analisadas tanto as empresas sociais "puras" como as empresas sociais que prestam serviços públicos. Também serão analisados os conceitos de marca de empresa social, franquia de empresa social e responsáveis pelo desenvolvimento de empresas sociais.

Funções das empresas sociais nas organizações comunitárias

4.1 Restaurante 1014

O Restaurante 1014 é a função de empresa social da CASA. Desde a sua abertura há 4 anos, este restaurante de bairro localizado em Clontarf tem sido um sucesso. O Restaurante 1014 é um bistro clássico de luxo. É totalmente propriedade da CASA (Caring and Sharing Association), uma instituição de caridade irlandesa. A CASA foi fundada em 1981 e exerce a sua atividade em todo o país, proporcionando oportunidades sociais, amizade e cuidados individuais a pessoas com deficiência. O Restaurante 1014 é uma sociedade anónima separada da CASA e todos os lucros revertem para a instituição de caridade. Este é considerado um modelo eficaz para as instituições de caridade gerarem as suas próprias receitas, alcançando assim a sustentabilidade.

4.2 Centro Cisne

O Swan Centre é um excelente exemplo de como os serviços públicos podem ser prestados a título privado por uma empresa social. Este modelo está a ser utilizado por câmaras municipais em todo o país.

"A Dublin City Sports & Leisure Services Limited é uma empresa recém-formada "sem fins lucrativos" criada e detida a 100% pelo Conselho Municipal de Dublim com o objetivo de prestar um serviço público ao Conselho Municipal de Dublim. Enquanto sociedade anónima, a Dublin City Sports & Leisure Services Limited deve manter-se sempre solvente, incorporando simultaneamente princípios comerciais sólidos e promovendo a boa governação no interesse público. O objetivo da empresa é gerir e explorar instalações desportivas e de lazer para o Conselho Municipal de Dublim e distribuir qualquer excedente gerado para a prestação de serviços desportivos e de lazer na cidade. Numa primeira fase, a empresa irá gerir o Rathmines Leisure Centre através de um acordo por três anos, com uma revisão após 18 meses."

Informações do sítio Web dos empregos públicos:
www.publicjobscaf.ie/publicjobs/en/star/goToJobDetails.do?...id

É discutível se este modelo é efetivamente uma empresa social. Pode argumentar-se que a prestação de serviços públicos através deste modelo proporciona um modelo mais eficiente para os serviços públicos, poupando assim o contribuinte.

4.3 Estudos de caso - Franquia de empresas sociais

A ideia de franchising de empresas sociais é um conceito que ainda não foi explorado na Irlanda. Estes estudos de caso investigarão o conceito e tentarão tirar algumas conclusões e recomendações para o futuro das empresas sociais na Irlanda.

Uma franquia de empresa social pode ser definida como;

"A replicação de um modelo de empresa social comprovado com um claro benefício social ou ambiental integrado nos objectivos empresariais, gerido de acordo com os parâmetros prescritos pela organização-mãe com acordos de conformidade em vigor." Mavra, (2011), p.4

Enquanto o licenciamento social pode ser definido como;

"A permissão para replicar um modelo de empresa social, com a empresa social 'mãe' ainda a definir o ethos e as actividades, mas com limites menos prescritos do que uma franquia e menos obrigações por parte do licenciado do que seria exigido a um franqueado." Mavra, (2011, p.4

Vejamos agora dois excelentes exemplos de franchisings de empresas sociais no Reino Unido. The Growing social enterprise: research into social replication A report from the Social Enterprise Coalition, Author: Dr Lidija Mavra, 2011, apresenta-nos dois modelos de franchising de estudo de caso.

4.4 Fruta à medida

A Fruit to Suit foi criada há seis anos, tendo sido fundada por uma professora que identificou a necessidade de snacks saudáveis nas merendas escolares. Começou por experimentar snacks saudáveis e descobriu que eram muito populares entre as crianças. Criou então uma loja de snacks saudáveis e daí surgiu a ideia de um franchising. Enquanto trabalhava na loja de snacks, também desenvolveu uma formação empresarial para os próprios alunos da escola, de modo a que estes pudessem assumir a gestão e o funcionamento das lojas de snacks, com a ajuda de um adulto supervisor (ou seja, o franchisado).

Existem atualmente numerosos franchisados em todo o Reino Unido. O modelo baseia-se no facto de as escolas serem proprietárias das próprias lojas, enquanto os franchisados da Fruit to Suit fornecem os materiais, ou seja, os snacks saudáveis, e a formação comercial e empresarial. A Fruit to Suit é uma empresa social e uma CIC registada, embora não seja claro se o formato legal dos franchisados e se estes podem ser definidos como empresas sociais individuais. A Fruit to Suits também pode ser vista como parte do sector da educação, dada a formação empresarial e empresarial que oferece.

> "No futuro, a fundadora espera alargar o âmbito das franquias, reforçando o elemento de formação empresarial; atualmente, isto é feito com alunos do ensino primário e ela espera passar a fazê-lo em escolas secundárias, estando a primeira a ser preparada. A fundadora comentou que este é um elemento central e único da Fruit to Suit, uma vez que essencialmente as crianças são ensinadas a gerir empresas operacionais - um modelo que ainda não viu até à data.

> O inquirido também comentou que o facto de ter estes objectivos financeiros em mente não compromete os seus objectivos sociais - o que é crucial, o equilíbrio será mantido desde que tenham os franchisados certos a bordo.
>
> O impacto social da Fruit to Suit ainda não foi medido, mas estão a desenvolver um questionário para os pais para determinar se/quantas crianças pedem aos pais em casa os produtos saudáveis que a Fruit to Suit fornece na escola. Esta será uma forma de avaliar a forma como a consciencialização e a aceitação de alimentos saudáveis por parte das crianças tem progredido." Mavra, (2011), p.26.

As funções das empresas escolares no sistema educativo irlandês podem tornar-se uma questão atual num futuro próximo, à medida que os cortes reduzem a sustentabilidade financeira das escolas e dos estabelecimentos de ensino superior.

4.5 Ginásios verdes

Os ginásios ecológicos são um conceito que se tem vindo a expandir por todo o Reino Unido. O seu modelo foi bem sucedido e, por isso, pode ser replicado. Geridos sob o nome do BTCV (British Trust for Conservation Volunteers), uma instituição de solidariedade social nacional com um braço comercial, os ginásios verdes foram concebidos há 11 anos pelo BTCV em conjunto com o Dr. William Bird, que reconheceu os benefícios de as pessoas fazerem exercício ao ar livre ao mesmo tempo que realizam trabalho de conservação. Os voluntários interessados podem contactar o BTCV para obter ajuda na criação de um ginásio. Segue-se um resumo dos ginásios verdes e da sua função.

> "Hoje em dia, existem Ginásios Verdes em todo o Reino Unido, que funcionam em muitos espaços abertos diferentes, onde a população local pode ligar-se à natureza através da atividade física, por exemplo, em parques urbanos, na limpeza e rejuvenescimento de terrenos em bairros residenciais, na manutenção de loteamentos, etc.
>
> Os grupos comunitários assumem a forma de "mini-empresas sociais", embora tendam a não ter personalidade jurídica e sejam todos dirigidos por voluntários, com rendimentos inferiores ao limiar de registo de £6.000. Os voluntários variam muito em termos de circunstâncias pessoais, estado de saúde, idade, estatuto profissional,

nacionalidade, etc. A principal ideia subjacente aos grupos comunitários é que devem ser auto-sustentáveis, com líderes formados e membros de comissões para coordenar as actividades.

O inquirido considerou que o modelo de licenciamento dos ginásios verdes complementa as actividades principais do BTCV e mantém a sua sustentabilidade, assegurando simultaneamente que a capacidade interna para gerir o modelo de franquia não é sobrecarregada. A sustentabilidade financeira depende em grande medida dos próprios grupos, uma vez que estes têm de gerar rendimentos suficientes para cobrir os seus custos de funcionamento." Mavra, (2011), p.28.

A sustentabilidade financeira está no centro da missão dos ginásios verdes e é um excelente modelo para as organizações comunitárias irlandesas.

4.6 Ginásio da empresa social GLL

Outro excelente exemplo de franchising de uma empresa social é o ginásio GLL em Londres. O modelo de empresa social e a declaração de missão estão descritos no sítio Web da empresa.

"Não é apenas mais uma empresa de lazer, mas uma empresa social de beneficência que existe para benefício da comunidade.

Somos uma organização baseada em valores e reconhecemos a nossa responsabilidade para com os nossos clientes, empregados e o ambiente, no seio das comunidades que servimos. Quaisquer excedentes financeiros que geramos são reinvestidos para proporcionar benefícios a longo prazo aos nossos clientes, funcionários e comunidades onde operamos.

Os nossos objectivos: O nosso objetivo é incentivar o envolvimento da comunidade e promover uma vida saudável. Trabalhamos para aumentar os níveis de atividade física através de programas desportivos e de saúde que chegam a todos os sectores da comunidade. Pretendemos assegurar a viabilidade financeira da GLL, cumprir os nossos objectivos de caridade, aumentar a participação dos funcionários, manter e expandir os nossos serviços e esforçarmo-nos por exceder continuamente as expectativas dos nossos clientes." Fonte do sítio Web da GLL: http://www.gll.org/b2b

A empresa social assegurou que os Jogos Olímpicos de 2012 oferecessem um legado desportivo duradouro e relevante aos londrinos. Este facto, aliado ao trabalho desenvolvido no âmbito da Fundação GLL Sport, criada para apoiar os atletas com aspirações olímpicas e paraolímpicas futuras, garantiu que a empresa social deixasse um legado.

Propriedade e capacitação A GLL é orientada por um conselho de administração, nomeado anualmente na assembleia geral. O conselho tem representação de várias partes interessadas, incluindo os clientes, o conselho e a força de trabalho. Esta mistura de partes interessadas ajudou a criar autonomia e propriedade a todos os níveis da organização.

4.7 Marca da empresa social

A marca de empresa social no Reino Unido dá ao sector das empresas sociais uma "marca" com a qual se pode desenvolver o sector. Eis um breve resumo da sua visão.

> **"A nossa visão**
> Um mundo em que existe um empenhamento na empresa social como meio de alcançar uma mudança social e ambiental positiva.
>
> **Sobre nós**
> A Social Enterprise Mark Company é, ela própria, uma empresa social. A Mark Comany aspira a ser ela própria detentora da marca e, enquanto empresa em fase de arranque, candidatar-nos-emos a ela nos próximos 12 meses.
>
> As empresas sociais estão a emergir como um sector empresarial ambicioso, e a sua contribuição para o Reino Unido é real e crescente. Dados recentes (State of Social Enterprise Survey, Social Enterprise Coalition 2009) mostram que, apesar da recessão, as empresas sociais estão duas vezes mais confiantes no crescimento futuro do que as pequenas e médias empresas típicas (48% das empresas sociais contra 24%). Além disso, desde o início da recessão económica, 56% aumentaram o seu

volume de negócios em relação ao ano anterior, enquanto menos de 20% viram o seu volume de negócios diminuir.

Trata-se de um desempenho consideravelmente melhor do que o das PME do Reino Unido, onde apenas 28% aumentaram o seu volume de negócios e 43% o viram diminuir.

A Marca da Empresa Social não só transformará o movimento da empresa social, como estabelecerá a empresa social como a empresa de eleição para todos." Informação da fonte no sítio Web da Marca da Empresa Social: http://www.socialenterprisemark.org.uk/the-mark/about-us/

A marca da empresa social é algo que deve ser considerado para ser utilizado em toda a Irlanda, uma vez que tem muitas vantagens para aumentar o perfil do sector em todo o país.

As conclusões e recomendações retiradas desta investigação sobre marcas e franchisings de empresas sociais serão discutidas no capítulo final do estudo.

4.8 Responsáveis pelas empresas sociais nas organizações comunitárias

Os responsáveis pelas empresas sociais podem ser vistos em muitas organizações comunitárias. Por exemplo, a "empresa comunitária" na Escócia. Trata-se de uma empresa social cuja missão é ajudar as pessoas a adquirir a capacidade e a confiança necessárias para melhorar a sua comunidade através do empreendedorismo. Prestam apoio personalizado a indivíduos e grupos. Cada membro da equipa tem uma área de conhecimento especializado, como contabilidade, angariação de fundos, marketing e avaliação do impacto

O investigador descobriu recentemente um anúncio de uma vaga para um responsável pelo desenvolvimento de uma empresa social,

"Vaga de responsável pelo desenvolvimento de empresas sociais

Estamos à procura de um Responsável pelo Desenvolvimento de Empresas Sociais para se juntar à nossa equipa dinâmica.

Leia sobre o emprego e obtenha informações sobre a candidatura aqui.

Empresa comunitária

paixão por apoiar as organizações comunitárias a prosperar através do empreendedorismo

Descrição do trabalho

Título do emprego: Responsável diplomado pelo desenvolvimento de empresas sociais (SEDO)

Objetivo do emprego: Prestar apoio ao desenvolvimento e reforçar as capacidades de organizações do terceiro sector para as ajudar a tornarem-se sustentáveis.

Responsável perante: Diretor executivo, embora o trabalho seja gerido por um gestor de projeto

Tipo de emprego: Temos uma equipa sénior de pessoas que estão a desenvolver empresas sociais e queremos recrutar alguém para as apoiar. Esta pessoa juntar-se-á a uma equipa de pessoal de desenvolvimento, mas não liderará projectos. Apesar da sua paixão pela justiça social e de trazer um forte conjunto de competências para a organização, estamos conscientes de que precisará de ganhar experiência e de ser alimentado e apoiado. Consequentemente, trabalharão num ambiente de apoio, aumentando as suas competências e experiência, podendo haver oportunidades de promoção no futuro.

Principais funções:

O candidato selecionado deverá ter as seguintes funções

- contribuir para a realização dos objectivos e metas organizacionais globais das empresas comunitárias. Estes centram-se em iniciativas que apoiam as actividades comerciais de organizações com um objetivo social
- trabalhar como membro de uma pequena equipa para levar a cabo um programa de actividades de apoio a empresas sociais existentes e emergentes. Estas organizações podem ir desde empresas sociais estabelecidas até pequenas organizações do sector do voluntariado preocupadas com a sua sustentabilidade. Também oferecemos algum apoio a empreendedores sociais e empresas novas e emergentes

- trabalhar como membro de uma pequena equipa para levar a cabo um programa de actividades de apoio a empresas sociais existentes e emergentes. Estas organizações podem ir desde empresas sociais estabelecidas até pequenas organizações do sector do voluntariado preocupadas com a sua sustentabilidade. Também oferecemos algum apoio a empreendedores sociais e empresas novas e emergentes
- organizar e participar na execução de um programa de apoio às empresas e/ou de formação adequado às organizações
- gerir adequadamente os programas de apoio, quer estes se baseiem em apoio gratuito ou numa relação contratual paga
- preparar relatórios e estatísticas regulares sobre as actividades para o gestor de projeto
- ser um escritor confiante e confortável e, com apoio, escrever planos de negócios, estudos de viabilidade, propostas de financiamento e investimento, etc.
- outras tarefas que possam ser necessárias e que sejam coerentes com os deveres e responsabilidades do cargo." Informações retiradas do sítio Web da Community Enterprise, http://communityenterprise.co.uk/vacancy-for-graduate-social

Esta posição está a tornar-se mais comum nas organizações comunitárias e é um passo significativo na direção certa no caminho para a sustentabilidade financeira das organizações comunitárias. O responsável pela empresa social pode concentrar-se na função de receitas da organização comunitária, aumentando assim consideravelmente o seu impacto social.

4.9 Pobal

O Programa de Serviços Comunitários, conhecido como Pobal, começou em 2006 e era formalmente conhecido como o Programa de Economia Social. Este programa, juntamente com a cooperativa de crédito, é a maior rede de empresas sociais da Irlanda. Os objectivos do programa consistem em apoiar as organizações voluntárias e comunitárias a prestarem serviços e empresas essenciais às suas comunidades, com serviços concebidos para o seguinte

- Aliviar as desvantagens

- Promover o desenvolvimento social e económico sustentável
- Proporcionar emprego às pessoas mais afastadas do mercado de trabalho
- Reforçar a apropriação local através da participação na tomada de decisões

Há também uma grande ênfase na garantia de oportunidades de emprego para a população local dentro das suas comunidades. Os prestadores de serviços são obrigados a oferecer oportunidades de emprego a pessoas de grupos desfavorecidos designados.

É um requisito obrigatório do programa que pelo menos 70% dos empregados em postos de trabalho apoiados pelo CSP sejam contratados a partir destes grupos-alvo:
- Pessoas com deficiência
- Os desempregados de longa duração
- Membros da comunidade cigana
- Pessoas que estão a recuperar de uma toxicodependência
- Ex-presidiários
- Pessoas transferidas de programas comunitários de emprego e de iniciativas de emprego

Os seguintes serviços podem ser prestados no âmbito do programa:
- Domínio de ação 1 - Gestão dos salões e instalações comunitários
- Domínio de ação 2 - Prestação de serviços comunitários
- Domínio de ação 3 - Empresas comunitárias que proporcionem emprego a pessoas de grupos e comunidades marginalizados

Alguns exemplos de serviços podem incluir lavandarias comunitárias, rádio e publicações comunitárias, manutenção doméstica e cuidados domiciliários para idosos e pessoas com deficiência, gestão de instalações comunitárias e centros desportivos/lazer, cuidados infantis comunitários, transportes para deficientes e rurais, turismo rural, centros de património, reciclagem e obras ambientais.

O programa também fornece financiamento a estas empresas sociais. O sítio Web da Pobal indica as seguintes caraterísticas que podem ser observadas nas empresas sociais Pobal:

- Estruturas de gestão democráticas; embora exista uma grande variedade de estruturas de gestão, em geral, o princípio é que as pessoas têm a autoridade e o controlo fundamentais e não que o dinheiro é o principal motor
- O comércio como meio de atingir objectivos sociais; poucos prestadores de serviços têm o comércio como objetivo principal - têm sobretudo objectivos sociais e utilizam simplesmente uma abordagem comercial como estratégia que ajudará a garantir o cumprimento dos objectivos sociais. Isto significa frequentemente que os prestadores de serviços assumem actividades comerciais que não são particularmente atraentes para os sectores público ou privado
- Propriedade comunitária dos activos e dos lucros; os activos e os lucros não podem ser propriedade nem distribuídos a indivíduos. Quaisquer activos ou lucros são detidos pelos membros dos prestadores de serviços em nome da comunidade e só podem ser utilizados em benefício dessa comunidade. Isto reflecte-se nos estatutos do prestador de serviços, ou nas regras, no caso das cooperativas
- Emprego orientado para as pessoas em situação de exclusão social; há uma certa ênfase na abordagem das desvantagens sociais através de políticas de emprego
- Os beneficiários dos serviços podem não pagar as taxas de mercado pelos bens ou serviços; estes podem geralmente ser fornecidos a custo ou abaixo do custo devido à disponibilidade do apoio do PEC ou de outro financiamento público
- Combinação de fontes de financiamento; o financiamento pode ser assegurado a partir de uma variedade de fontes, incluindo a angariação de fundos, as subvenções, os donativos de caridade, as ofertas em espécie e o rendimento do trabalho

- Capacidade de criar confiança com os grupos de clientes; os prestadores de serviços podem ter uma experiência especial no trabalho com pessoas desfavorecidas e, muitas vezes, na sua capacitação
- Financiamento das comunidades locais; os recursos são retirados ou oferecidos para uma utilização mais alargada pela comunidade. O financiamento é atribuído com base num plano de actividades para a maioria das empresas sociais, sendo as subvenções mais pequenas atribuídas com base num plano de trabalho menos abrangente. Os planos de actividades devem demonstrar que as organizações financiadas são empresas viáveis e que os serviços apoiados pelo CSP não dependem apenas do financiamento das subvenções."
Fonte do sítio Web da Pobal: www.pobal.ie/

Dispor de um quadro tão vasto para as empresas sociais comunitárias é uma enorme vantagem para o sector na Irlanda. A expansão de uma rede deste tipo no futuro poderá também desempenhar um papel fundamental na retirada de alguns dos mais de 400 000 desempregados do registo de emprego.

4.10 Entrevistas

Esta secção aborda as entrevistas que o investigador realizou. Aborda também os antecedentes de cada entrevistado e entra em pormenor nas perguntas que lhes foram colocadas.

A principal fonte de investigação primária utilizada nesta dissertação foram as entrevistas abertas. O investigador entrevistou intervenientes diretamente envolvidos no sector do empreendedorismo social ou em organizações comunitárias. Foram também realizadas entrevistas com indivíduos do espetro político e da Câmara Municipal de Dublin. A razão pela qual estas entrevistas foram selecionadas é que cada entrevistado tem uma influência direta no sector das empresas sociais na Irlanda. Estes decisores-chave actuarão como actores importantes no futuro das empresas sociais na Irlanda.

Na preparação dos investigadores para as entrevistas, foi elaborado um conjunto universal de perguntas. Foi tomada uma decisão consciente no sentido de as entrevistas serem abertas e informais. Como a área do empreendedorismo social está longe de ser uma ciência exacta, o investigador considerou que este estilo de entrevista informal produziria os melhores resultados. Esta decisão foi justificada pelo facto de as conclusões mais esclarecedoras do processo de entrevista terem sido predominantemente observações "improvisadas" feitas pelos entrevistados. Ao estruturar a pergunta de investigação como "Como é que as organizações comunitárias se podem transformar em empresas sociais, mantendo-se fiéis à sua missão e à prestação de serviços? ", o investigador estava a procurar um certo nível de pensamento original por parte dos entrevistados. Segue-se uma lista dos entrevistados;

- Gerry Breen, vereador e antigo presidente da Câmara de Dublin
- Ava Battles, Diretora Executiva do Carmichael Centre
- Caroline Egan, responsável pela formação e desenvolvimento no Carmichael Centre
- Clodagh Kilmurry, Diretora-Geral do Swan Centre Rathmines
- Cody O' Reilly, Conselho Municipal de Dublin

Foram-lhes colocadas as mesmas perguntas-padrão no processo de entrevista, com excepções, tal como descrito nos resultados da minha entrevista.

Todas as entrevistas foram realizadas em 30 minutos (com exceção da entrevista de Ava Battles, que demorou 45 minutos). Depois de respondidas as perguntas, o investigador deixou algum tempo para ter uma conversa informal sobre o sector das empresas sociais, na qual foi possível aferir algumas percepções pessoais dos entrevistados.

4.11 Antecedentes dos entrevistados

- Gerry Breen, vereador e antigo presidente da Câmara Municipal de Dublim. Gerry é também Diretor da Dublin City Sports & Leisure Services Limited (proprietária do Swan Centre em Rathmines). Foi também Diretor do Dublin City Enterprise Board (1999-2009). Com a sua experiência empresarial e um ator-chave nas redes empresariais e políticas da Câmara Municipal de Dublin, o investigador considerou Gerry como a pessoa ideal para entrevistar sobre o sector das empresas sociais.
- Ava Battles, Diretora Executiva do Carmichael Centre. Ava liderou o Carmichael Centre na criação e implementação de estratégias bem sucedidas para satisfazer as necessidades dos clientes e assegurar a capacidade contínua do Centro para prestar

apoio e orientação aos seus membros e grupos de utilizadores. Ava cumpriu a estratégia do Conselho de Administração e ajudou no desenvolvimento e implementação de estratégias futuras. Teve uma visão inestimável do sector das empresas sociais.

- Caroline Egan, responsável pela formação e desenvolvimento no Carmichael Centre. Enquanto gestora de formação e desenvolvimento do Carmichael Centre, a Caroline concentra-se no desenvolvimento e na prestação de formação personalizada e de apoio organizacional a grupos empenhados na criação de capacidades organizacionais e no desenvolvimento da governação. Caroline tem um mestrado em Estudos Empresariais da NUI Galway e os seus interesses de investigação incluem a gestão de organizações de voluntariado e o empreendedorismo comunitário. Caroline também tem um grande interesse no sector das empresas sociais e foi uma pessoa cujo contributo foi importante para este estudo.
- Clodagh Kilmurry, Diretora Geral do Swan Centre Rathmines. Clodagh foi anteriormente Diretora do ginásio WestWood em Clontarf e tem uma excelente visão do processo de gestão privada de uma instalação pública como uma empresa social com o Swan Centre Rathmines.
- Cody O'Reilly, responsável pelo desporto e pelo lazer no Conselho Municipal de Dublim. O conselho tem um papel fundamental a desempenhar na prestação de serviços públicos e Cody tem uma enorme visão deste processo, bem como dos processos de governação e tem uma formação académica em governação local.

4.12 Compreensão das empresas sociais

O investigador começou cada entrevista com a seguinte pergunta: "O que entende por Empresa Social?" É evidente que não existe uma definição sólida de empresa social e que o entendimento de cada indivíduo é diferente. Caroline Egan respondeu com: "(Caroline Egan, responsável pela formação e desenvolvimento no Carmichael Centre) Caroline respondeu com segurança e pareceu clara no seu entendimento. Ava Battles respondeu com: "Uma organização que tenta dar algo em troca e que é sustentável". (Ava Battles, Diretora Executiva do Carmichael Centre). Quando o investigador colocou a questão a Gerry Breen, este respondeu: "Negócios são negócios". Prosseguiu explicando que, no contexto de uma comunidade, as pessoas procuram "consenso" e faz parte da sua identidade procurar consenso no processo de tomada de decisões: "As empresas precisam de decisões rápidas". Em seguida, explicou ao investigador, de forma perspicaz, que o conceito de empresas sociais poderia inadvertidamente estar a "forçar uma cultura com a qual não se sentem confortáveis" (Gerry Breen, vereador e antigo presidente da Câmara de Dublin). Isto é bem verdade, pois no cerne das empresas sociais estão os princípios empresariais. Cody O'Reilly, da Câmara Municipal de Dublin, respondeu: "Nós (Câmara Municipal de Dublin) somos essencialmente uma empresa social, chamamos-lhe apenas serviço público" "Fazemos coisas para um bem maior" (Cody O'Reily, Câmara Municipal de Dublin). Esta resposta pareceu muito interessante, uma vez que o centro Swan em Rathmines, que é propriedade da Câmara Municipal de Dublin, satisfaz a maioria dos critérios que o investigador definiu na introdução para uma empresa social.

Algumas das principais caraterísticas identificáveis que o investigador encontrou nas empresas sociais são as seguintes

1. São organizações autónomas criadas para fins sociais.
2. São movidos por objectivos sociais e por um forte desejo de beneficiar a comunidade local.
3. Dispõem de estruturas identificáveis e de um processo de decisão claro.
4. Todos os lucros excedentes são reinvestidos na empresa.
5. A criação de emprego local é uma prioridade.
6. Exercem uma atividade comercial - bens e/ou serviços.

4.13 As empresas sociais estão na ordem do dia?

O investigador estava muito interessado em saber se a empresa social era um conceito que surgia na linha de trabalho do entrevistado, uma vez que parece ser a palavra de ordem no sector comunitário neste momento. Caroline Egan respondeu: "Tornou-se parte da nossa agenda e é agora um modelo de financiamento", acrescentando ainda: "Pela primeira vez, está no programa do governo" (Caroline Egan, responsável pela formação e desenvolvimento no Carmichael Centre). Ava Battles respondeu: "Somos uma instituição de caridade". "Caridade ou não, temos de a gerir como uma empresa" (Ava Battles, Diretora Executiva do Carmichael Centre). Ava acredita que as organizações comunitárias devem ser geridas como empresas para poderem proporcionar os benefícios sociais que desejam. Ava continua, mencionando: "Devido aos cortes da HSE, o conceito está a tornar-se mais proeminente". (Ava Battles, Diretora Executiva do Carmichael Centre). Cody O'Reilly, da Câmara Municipal de Dublin, afirmou que uma das razões para a criação do centro Swan em Rathmines como uma sociedade anónima privada se deveu a "um embargo total ao recrutamento no seio da Câmara": "Se o centro fosse gerido pela Câmara Municipal, não teríamos podido abri-lo, pois não podíamos contratar pessoal". (Cody O'Reilly, Conselho Municipal de Dublin). Parece que o modelo de serviço público privado para o centro Swan foi de facto imposto, em vez de o conselho procurar ativamente abrir um ginásio de empresa social.

4.14 Duas formas diferentes (empresas sociais puras e prestação de serviços públicos)?

O investigador colocou a seguinte questão aos entrevistados: "Concorda com a hipótese de que as empresas sociais assumem duas formas diferentes (empresas sociais puras e empresas sociais que prestam serviços públicos)? Quando o investigador discutiu o Swan Centre com Gerry Breen, este não o considerou uma empresa social: "Não é uma empresa social, mas o sector privado que presta serviços públicos segundo critérios governamentais". (Gerry Breen, vereador e antigo presidente da Câmara de Dublin). Isto foi bastante interessante, uma vez que o centro Swan satisfazia a maioria dos critérios definidos no início do estudo. Ava disse: "Sim, concordo com essa afirmação" (Ava Battles, Diretora Executiva do Carmichael Centre). Caroline Egan adoptou a mesma posição. Acrescentando: "Quando estamos a falar de uma empresa social como o restaurante 1014, tem clientes do público em geral, com os serviços públicos não são os clientes, são os beneficiários do serviço público prestado pela empresa social" (Caroline Egan, responsável pela formação e desenvolvimento no Carmichael Centre). Este foi um comentário interessante, uma vez que existe uma clara distinção entre "clientes" e "beneficiários" no que respeita às empresas sociais.

4.15 Resistência do sector comunitário ao conceito de empresa social?

Da minha pesquisa de fundo parece haver um claro tom de resistência dentro do sector comunitário. O investigador quis colocar esta questão aos entrevistados para ver se era justificada. Caroline Egan respondeu: "Sim, há um certo nível de resistência no sector", acrescentando: "O sector não pode mudar de um dia para o outro" (Caroline Egan, responsável pela formação e desenvolvimento no Carmichael Centre). E prosseguiu explicando que, com a utilização do "jargão empresarial", "as pessoas do sector não se sentem confortáveis com ele" (Caroline Egan, responsável pela formação e desenvolvimento no Carmichael Centre). Esta parece ser uma questão recorrente. Parece que o sector comunitário pode não se sentir confortável com os princípios empresariais. Ava Battles afirmou: "As pessoas estão em dois campos" (Ava Battles, diretora executiva do Carmichael Centre), o que significa que alguns indivíduos são a favor das empresas sociais e outros contra. Cody O'Reily, da Câmara Municipal de Dublin, afirmou que "Utilizar uma mentalidade empresarial na prestação de serviços públicos era algo com que nem todos se sentiam confortáveis" (Cody O'Reily, Câmara Municipal de Dublin). Gerry Breen mencionou um dos principais obstáculos ao empreendedorismo social no seio das organizações comunitárias: "Há dificuldade em traduzir" (Gerry Breen, vereador e antigo presidente da Câmara Municipal de Dublin). Ou seja, há dificuldade em aplicar princípios empresariais nas organizações comunitárias. É a cultura da organização" e "A natureza do negócio é a necessidade de tomar decisões rápidas", as organizações comunitárias "procuram o consenso" (Gerry Breen, vereador e antigo presidente da Câmara de Dublin). Explicou que "não existe uma ética empresarial". (Gerry Breen, vereador e antigo presidente da Câmara de Dublim). Estes são temas recorrentes no estudo de investigação.

4.16 Idelógico?

A ideia de prestar serviços públicos de forma privada através de empresas sociais parece ser bastante ideológica. Isto levanta então a questão de o conceito de empresas sociais poder ser inerentemente ideológico. O investigador colocou esta questão aos entrevistados. Ava Battles respondeu que achava que haveria sempre "elementos de pessoas que pensam que o Estado deve ser o único responsável pelos serviços públicos" (Ava Battles, Diretora Executiva do Carmichael Centre). O facto de o empreendedorismo social incentivar as organizações e os indivíduos a gerarem as suas próprias receitas é um problema. Gerry Breen explicou que, quando se trata de prestar serviços públicos, a melhor prática é "estabelecer os critérios e deixar que o governo os supervisione" (Gerry Breen, vereador e antigo presidente da Câmara de Dublin). Citou o Swan Centre como um excelente exemplo disso e observou que os custos do centro seriam "30%" (Gerry Breen, vereador e antigo presidente da Câmara de Dublin) inferiores aos de um centro gerido pela Câmara Municipal.

No entanto, uma das respostas mais interessantes foi a de Cody O'Reilly, da Câmara Municipal de Dublin. Ele observou: "Uma das principais razões para a criação de uma sociedade anónima para gerir o Swan Centre foi o embargo ao recrutamento na Câmara Municipal. Não teria podido abrir se tivesse sido gerido pelo Conselho" (Cody O'Reilly, Conselho Municipal de Dublim). Esta mudança na prestação privada de serviços públicos está a tornar-se cada vez mais comum nos conselhos municipais e distritais. Alguns elementos do público não concordam com este processo.

4.17 As empresas sociais podem ser reproduzidas?

O investigador estava interessado em saber se os entrevistados pensavam que as empresas sociais podiam ser reproduzidas, uma vez que um dos objectivos do estudo é investigar se as organizações comunitárias se podem transformar em empresas sociais. A criação de uma franquia de empresas sociais poderia ser a resposta a esta questão e, como tal, estava a tentar avaliar as opiniões dos entrevistados sobre o assunto. Ava respondeu afirmando que achava que o "processo de duplicação era definitivamente uma possibilidade" (Ava Battles, Diretora Executiva do Carmichael Centre) e que o modelo "Big sister" era algo que o Carmichael Centre estava a analisar" (Ava Battles, Diretora Executiva do Carmichael Centre).

Caroline Egan afirmou que "o modelo do restaurante 1014 pode ser reproduzido", mas "o atual modelo do Carmicheal Centre inclui a venda de bens e serviços" (Caroline Egan, responsável pela formação e desenvolvimento do Carmichael Centre). Caroline estava a referir que o centro teria de criar uma identidade separada para efeitos de venda de bens e serviços. Este poderá ser um modelo a seguir no futuro pelas organizações comunitárias. Caroline prosseguiu dizendo que "poderá ter de ser feito numa base individual para a organização comunitária" (Caroline Egan, responsável pela formação e desenvolvimento no Carmichael Centre), o que significa que as organizações comunitárias poderão ter de criar a sua própria identidade comercial.

Os resultados das entrevistas deram ao investigador uma ideia mais clara do sector das empresas sociais e permitiram-lhe tirar conclusões e fazer recomendações claras na secção seguinte. Cada entrevista foi concebida para responder às hipóteses formuladas no início do estudo. O investigador vai agora discutir as recomendações e conclusões retiradas do processo de investigação.

CAPÍTULO 5

CONCLUSÕES E RECOMENDAÇÕES

Durante a realização deste tema de dissertação, o investigador tinha um certo número de hipóteses a provar. Desde então, ficou satisfeito com o facto de as hipóteses terem sido totalmente investigadas. As recomendações também foram direcionadas para a progressão do Carmichael Centre.

5.1 Duas vertentes diferentes de empresas sociais

Sim, o desenvolvimento de uma componente de empresa social no seio das organizações comunitárias pode aumentar a sua sustentabilidade financeira, mas apenas numa base de pequena escala, ou seja, no Restaurante 1014. No entanto, este estudo revelou que, no cerne das empresas sociais, existe uma ideologia subjacente, segundo a qual os serviços públicos podem ser prestados de forma privada por empresas sociais, de acordo com critérios governamentais. O antigo presidente da Câmara de Dublin e atual conselheiro municipal Gerry Breen corroborou esta crença afirmando: "Os serviços públicos podem ser prestados eficazmente por organizações privadas, enquanto o governo estabelece os critérios e supervisiona o seu funcionamento" (Gerry Breen, conselheiro e antigo presidente da Câmara de Dublin). Isto está a tornar-se uma realidade no Reino Unido com o papel da "grande sociedade", que já foi discutido anteriormente.

A conclusão é que a empresa social é, de facto, um animal de duas cabeças, na medida em que não pode ser definida como uma ou outra. Organizações de pequena escala, como o restaurante 1014, podem ser um fluxo de receitas extremamente útil para organizações como a CASA, enquanto uma empresa social que presta serviços públicos se enquadra numa categoria completamente diferente. Nos últimos anos, registou-se uma mudança neste sentido com o exemplo do Centro de Lazer Swan, que foi estudado anteriormente no capítulo do estudo de caso. Esta vertente da empresa social é a que tem mais possibilidades de fazer a diferença na sociedade.

Nas minhas discussões com as organizações e empresas comunitárias, tornou-se evidente que existem muitas interpretações diferentes do que constitui uma empresa social. No entanto, foi consensual que uma empresa social utiliza os excedentes que gera para promover os seus objectivos sociais. Houve também consenso quanto ao facto de ser necessário encontrar um equilíbrio adequado entre os aspectos "social" e "empresarial" da empresa.

As organizações podem transformar-se, mas isso depende do tipo de empresa social em que pretendem evoluir. Para as organizações mais pequenas do Carmichael Centre, a atividade comercial em pequena escala gerará receitas muito necessárias. Por outro lado, a prestação de serviços públicos por sociedades anónimas privadas, geridas como empresas sociais, como é o caso do Swan Centre, pode permitir poupanças em todo o sector público, melhorando simultaneamente o serviço. Gerry Breen observou que foram efectuadas até "30% de poupanças nos custos de funcionamento" (Gerry Breen, vereador e antigo presidente da Câmara de Dublin) em comparação com o que teria custado ao município gerir as instalações do Centro Swan.

Tal como referido na análise da literatura, um estudo de 2009 mostrou que pouco mais de um terço do rendimento gerado pelas empresas sociais em 2008 provinha de actividades comerciais. O restante foi gerado através da execução de programas estatais, como o acolhimento de crianças e o emprego comunitário, e de subvenções públicas. Pequenas quantias de angariação de fundos, donativos privados e empréstimos bancários foram utilizados para complementar as principais fontes de rendimento.

Figura 8

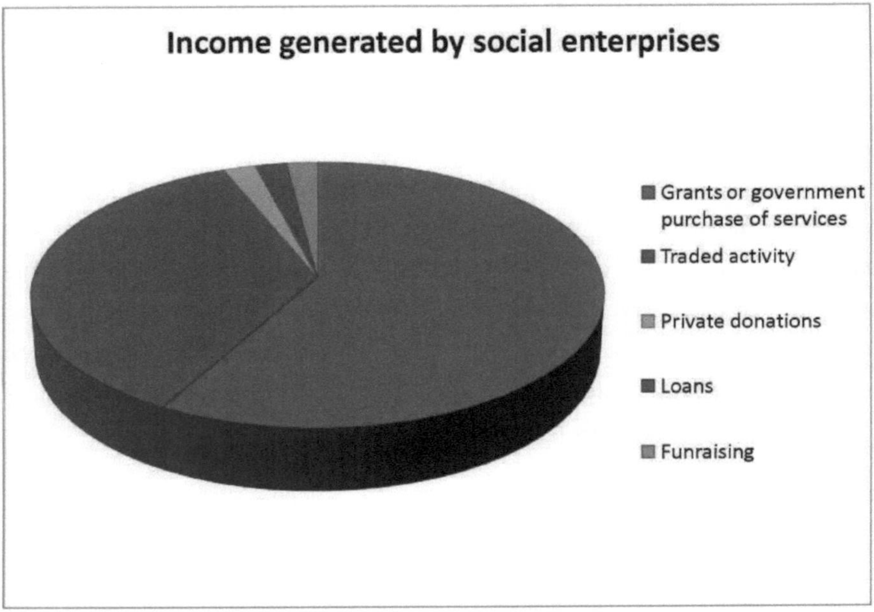

Fonte: Exploring social enterprise in nine areas in Ireland executive summary Preparado por Ann Clarke & Anne Eustace Eustace Patterson Limited setembro de 2009.

Este gráfico é uma excelente ilustração de como as empresas sociais podem ser divididas em duas categorias distintas. As empresas sociais que prestam serviços públicos e as empresas sociais que desenvolvem actividades comerciais para gerar receitas para a sua organização.

5.2 Identidades distintas

Abordando a questão: O desenvolvimento de uma componente de empresa social nas organizações comunitárias pode aumentar a sua sustentabilidade financeira? É evidente que as organizações comunitárias de pequena escala, como as que se encontram no Carmicheal Center, precisam de se concentrar na criação de um fluxo de receitas a partir de alguma forma de atividade comercial. O grupo CASA empreendeu de forma impressionante esta atividade com o restaurante 1014, que se revelou um enorme sucesso.

As instituições de solidariedade social do centro Carmichael devem formar identidades empresariais separadas (sociedades anónimas privadas) para criar empresas sociais, tal como a CASA demonstrou com sucesso. A identidade empresarial separada para a empresa social pode ser gerida como uma empresa, enquanto os lucros podem ser investidos na organização de beneficência para a ajudar a prosseguir os seus objectivos sociais. Como discutido anteriormente no estudo, o modelo de duas identidades separadas está a funcionar extremamente bem para a CASA e a 1014.

5.3 Marca da empresa social franchisada

Uma outra recomendação foi a ideia de franchisar o Restaurante 1014 como uma marca de empresa social a ser utilizada pelo Carmichael Centre com o objetivo de gerar receitas para outras organizações de caridade. Como a investigação e o estudo mostraram, este modelo de franquia de "marca" foi utilizado com êxito no Reino Unido com "Fruit to Suit" e "Green gyms". Não há razão para que não possa ser utilizado com êxito na Irlanda e o Carmichael Centre tem uma oportunidade única de o utilizar.

5.4 Responsável pelo desenvolvimento das empresas sociais

Outra recomendação para o Carmichael Centre seria a contratação de um "responsável pelo desenvolvimento de empresas sociais" para explorar possíveis oportunidades de empresas sociais com as organizações de beneficência do centro. A contratação de um responsável pela empresa social seria de enorme ajuda para as instituições de solidariedade social na via da sustentabilidade financeira. O seu papel e funções poderiam incluir

- Desenvolver uma carteira de empresas sociais e de microfinanciamento, incluindo a obtenção de novos fluxos de financiamento e o desenvolvimento/refinamento de conceitos.
- Desenvolver e aplicar as melhores práticas e abordagens de desenvolvimento empresarial em novas empresas sociais.
- Ajudar a desenvolver e preparar planos de actividades, briefings e material de relações públicas para organizações comunitárias que desenvolvam empresas sociais.

- Representar o Centro em reuniões de empresas sociais designadas e em conferências.
- Apoiar abordagens empresariais na implementação de conceitos empresariais inovadores no sector comunitário.
- Atualizar o processo de planeamento estratégico através de planos de negócios anuais (com projecções financeiras) baseados na análise do desempenho das empresas sociais.
- Acompanhar e elaborar relatórios sobre os mercados do microfinanciamento e das empresas sociais.
- Estabelecer contactos regulares e permanentes com organizações de solidariedade social, agências e parceiros comerciais.

Isto poria em prática a ideia de aumentar a sustentabilidade da organização comunitária.

O investigador está satisfeito com o facto de as conclusões e recomendações terem esclarecido a questão "Pode o desenvolvimento de uma componente de empresa social nas organizações comunitárias aumentar a sua sustentabilidade financeira? A investigação mostrou que as empresas sociais podem, por vezes, ser difíceis de distinguir. No entanto, o modelo de indemnizações separadas no seio das organizações comunitárias pode ser útil se estas organizações desejarem alcançar a sustentabilidade financeira. Além disso, a investigação concluiu que o modelo de franchising social e a contratação de um responsável pela empresa social seriam ferramentas úteis para as organizações comunitárias.

BIBLIOGRAFIA / REFERÊNCIAS

Ashton, R (2010) How to be a Social Entrepreneur: Make Money and Change the World, Capstone, Chichester.

Bacchiega, A e Borzaga, C (2002) The Economics of the Third Setor: Towards a more comprehensive approach, EU Thesis, EU Training Excellence for Social Entrepreneurship Setor.

Borzaga, C e Defourny, J (2001) The emergence of social enterprise, Routledge, Londres e Nova Iorque.

Bridge, S, O'Neill, K e Cromie, S (2003) Understanding Enterprise, entrepreneurship and small business 2nd ed, Palgrave Macmillan, Basingstoke.

Briscoe, R e Ward, M (2005) Helping Ourselves: Success Stories in Co-operative Business and Social Enterprise, Oak tree press, Cork.

Chaves, R e Monzon, J L (2012) A economia social e a União Europeia, Comité Económico e Social Europeu, Valência.

Clarke, A e Eustace, A Eustace (2009) Exploring Social Enterprise, Patterson Ltd.

Relatório final, Dublin.

Community Enterprise (2012) http://communityenterprise.co.uk/ (Acedido em 12 de setembro de 2013)

Davies, M (2007) Doing a successful research project:using qualitative or quantitative methods, Palgrave Macmillan, New York.

Davis, S (2002) Social entrepreneurship: Towards and entrepreneurial culture for social and economic development, Comité de Seleção do Conselho Internacional, Ashoka: Innovators for the public.

Dees, J G (2001). The meaning of "social entrepreneurship". Center for the advancement of Social Entrepreneurship, Fuqua School of Business, Duke University, Durham, NC.

Doyle, G (2009) Report on the Roundtable on the Development of a Dublin Social Enterprise, Dublin employment pact e Clann Credo.

Edwards, J M (2008) Hybrid Organizations: Social Enterprise and Social Entrepreneurship, Lulu Press, Morrisville, NC.

Edmonds, T, Parry, K, Webb, D (2010) Public services (Social Enterprises and Social Value) Bill, biblioteca da Câmara dos Comuns.

Fisher, M J e Starr, K (2009) Real good, not feel good: Um breve guia para a filantropia de alto impacto
www.realgoodnotfeelgood.org (Acedido em 1 de novembro de 2013)

Frances, N e Cuskelly M (2008) The End of Charity: Time for Social Enterprise, Allen & Unwin, Austrália.

Fulton (2009) The Past, Present, and Future of Social Entrepreneurship (O passado, o presente e o futuro do empreendedorismo social).

Fulton, K e Dees, G (2006) The Past, Present, and Future of Social Entrepreneurship: A conversation with Greg Dees, Center for the advancement of social entrepreneurship, Nova Iorque.

GLL (2013) http://www.gll.org/b2b (Acedido em 22 de outubro de 2013)

Kerlin, J A (2009) Social enterprise: A global comparison, Tufts University Press. Líbano.

Leadbeater, C (1997) The rise of the social entrepreneur, Demos, Londres.

Martin, R L e Osberg S (2007) Social Entrepreneurship the case for definition, Stanford social innovation review, 29-39.

Mavra, L (2011) Growing social enterprise: research into social replication, A report from the Social Enterprise Coalition, London.

Munoz, J M (2010) International Social Entrepreneurship: Pathways to Personal and Corporate Impact, Business expert press, Nova Iorque.

Nicholls, A (2006) Social entrepreneurship: new models of sustainable social change, Oxford press, Nova Iorque.

Nyssens, M, Adam, S, e Johnson, T (2006) Social Enterprise: At the crossroads of market, public policies and civil society, Routledge, Londres e Nova Iorque.

Pandit, N R (1996) The Creation of Theory: Uma aplicação recente do método da teoria fundamentada , The Qualitative Report, 2(4).

Glossário de termos sobre a edição de dados estatísticos, OCDE

Paton, R (2003) Managing and Measuring Social Enterprise, Sage, Londres.

Pearce, J. (2003) Social Enterprise in Anytown, Fundação Calouste Gulbenkian, Londres.

Pobal (2012) https://www.pobal.ie/Pages/Home.aspx (Acedido em 24 de setembro de 2013)

Price, M (2008) Social enterprise: what it is and why it matters, Fflan, Dinas Powys.

Serviços públicos (2010) (Empresa social e valor social) Projeto de lei n.º 6 de 2010/11 Edmonds, Parry, Woodhouse, Webb

Empregos públicos (2013) http://www.publicjobscaf.ie/publicjobs/ (Acedido em 21 de outubro de 2013)

Putnam, R (2001) Bowling Alone: The Collapse and Revival of American Community, Simon & Schuster, Nova Iorque.

Ridley-Duff, R. J. e Bull, M (2011) Understanding Social Enterprise: Theory and Practice, Sage Publications, Londres.

Saunders, M (2009) Research methods for business student, Pearson education limited, Essex.

Social Entrepreneurs (2012) http://www.socialentrepreneurs. ie (Acedido em 13 de novembro de 2013)

Empreendedorismo social (2012) http://socialentrepreneurshipinfo.com/the-difference-between-social-and-business-entrepreneurship (Acedido em 26 de novembro de 2013)

Social Enterprise and Entrepreneurship Taskforce (2012) Relatório anual de 2012. www.socialenterprise.ie (Acedido em 1 de novembro)

Social Enterprise and Entrepreneurship Taskforce (2012) Unlocking the Potential of Social Enterprise & Entrepreneurship, A Submission to Forfas. www.socialenterprise.ie (Acedido em 1 de novembro)

Grupo de Trabalho para as Empresas Sociais (2010). Adding value delivering change: The role of social enterprise in national recovery, Dublin.

Social Finance Foundation (2012) http://www.sff.ie/ (Acedido em 27 de agosto de 2013)

The Department of the Taoiseach (2011) The national recovery plan 2011-2014, The stationary office, Dublin.

The Institute for Social Entrepreneurs, (2008), Evolution of the social enterprise industry: A chronology of key events. Brasil

The Steering Committee on social finance (2004) In the Common Interest, The Case for Social Finance in Ireland, Dublin employment pact, Dublin.

The whitehouse (2012) http://www.whitehouse.gov (Acedido em 12 de novembro de 2013)

Two Degrees Food (2013) http://twodegreesfood.com (Acedido em 22 de novembro de 2013)

UK Social Enterprise Policy, 2009 Katharine Purser, Londres

Comissão de Estatística das Nações Unidas e Comissão Económica para a Europa (2000) Glossary of Terms on Statistical Data Editing, Conference of European statisticians methodological material, Genebra.

Welsh Assembly Government (2009) The social enterprise action plan for Wales, The publications center, Cardiff.

Yeshiva University Fatherhood Project: (2002) Introducing Qualitative Hypothesis - Generating Research.

Yin, R K (2011) Qualitative research from start to finish (Investigação qualitativa do princípio ao fim), Guilford press, Nova Iorque.

APÊNDICES

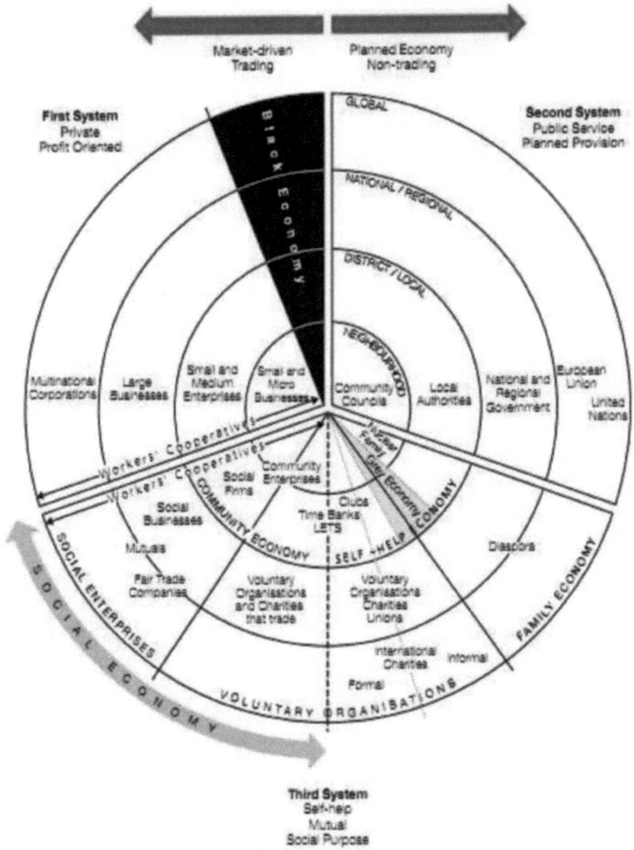

Figure 4 The three systems of the economy
Pearce, J. (2003) Social Enterprise in Anytown

Pearce (2003), p.6.

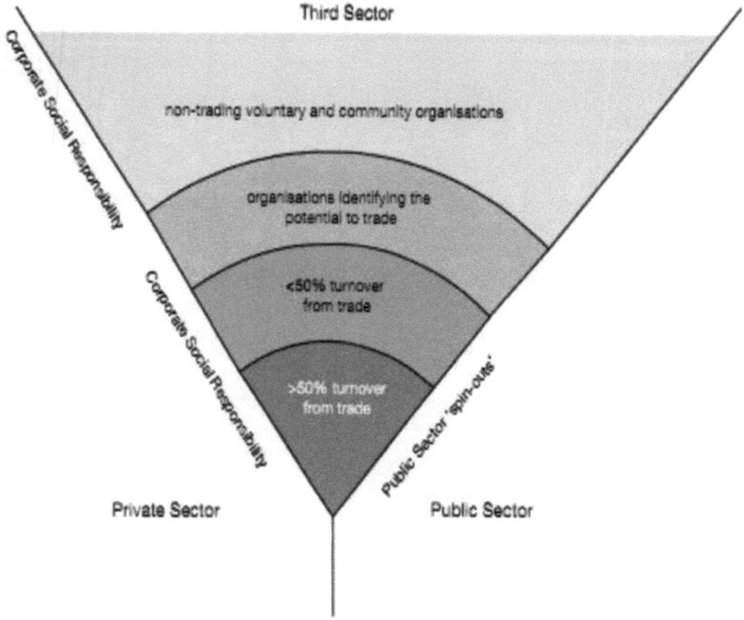

Figure 3

The Social Enterprise Action Plan for Wales, (2009), p.13.

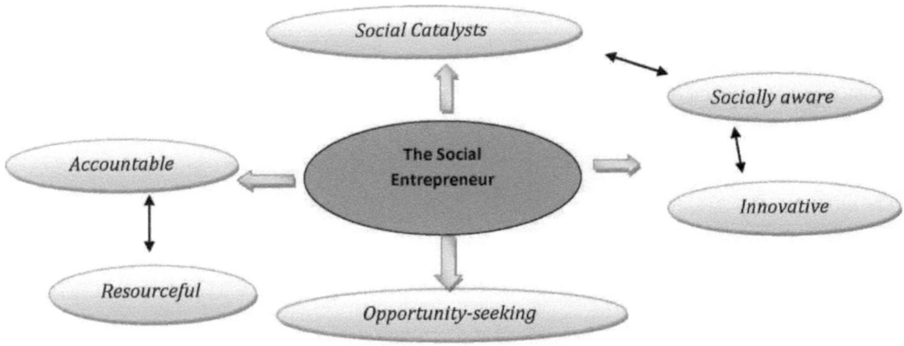

5.] .2 Construir o sector das empresas sociais

Opportunities	Constraints	Solutions
The social enterprise sector could be strengthened.	Not-for-profit organisations not identifying themselves as social enterprises.	It would be important to demonstrate the potential benefits to individual social enterprises of a vibrant sector.

Doyle, (2009), p.7.

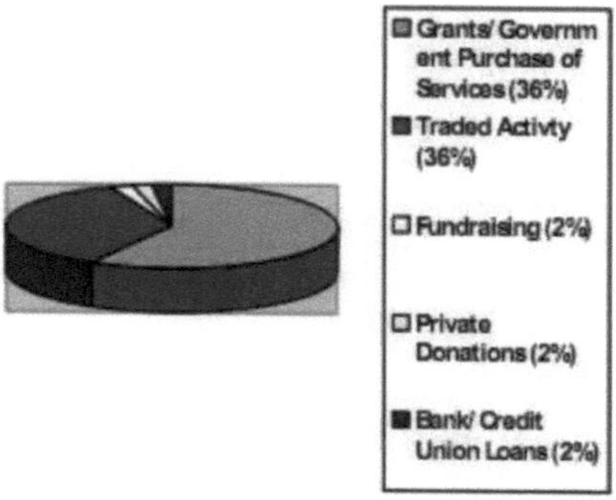
Grants/ Government Purchase of Services (36%)
Traded Activty (36%)
Fundraising (2%)
Private Donations (2%)
Bank/ Credit Union Loans (2%)

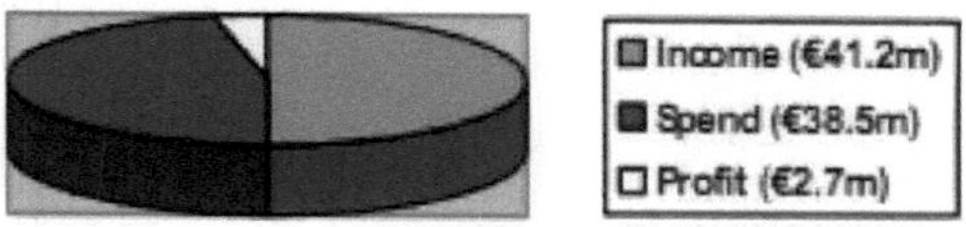
Income (€41.2m)
Spend (€38.5m)
Profit (€2.7m)

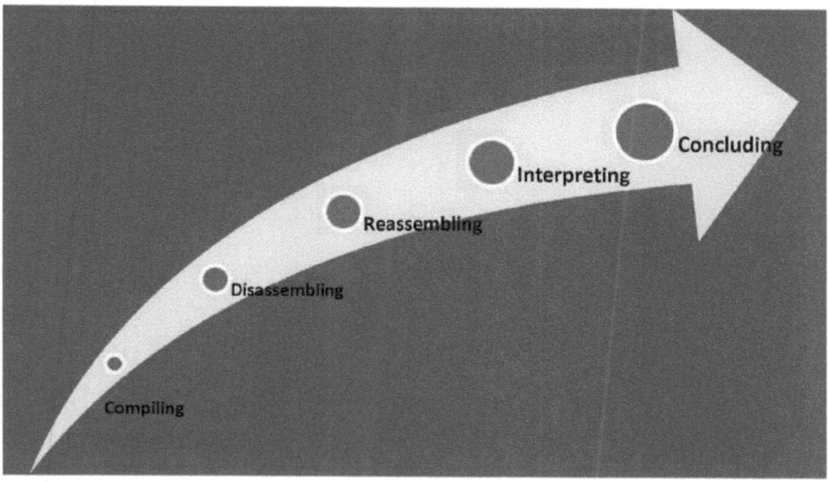
Compiling
Disassembling
Reassembling
Interpreting
Concluding

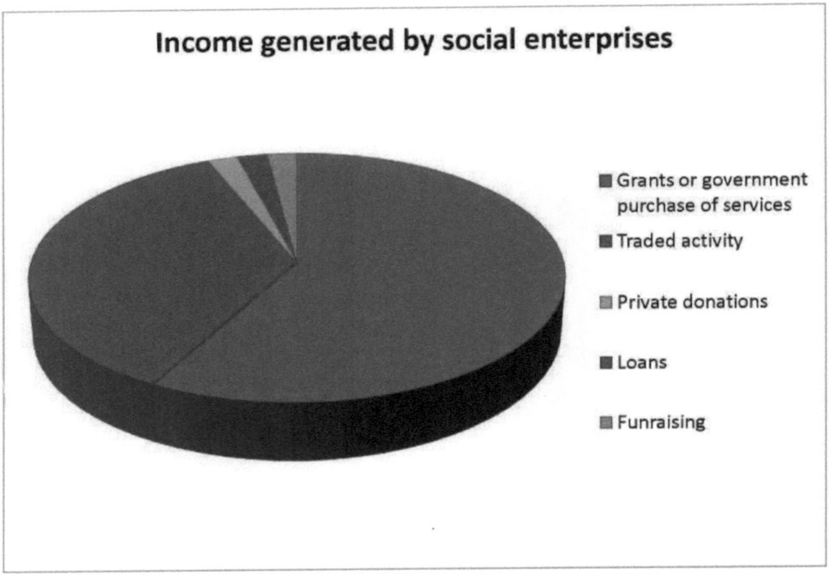

Fonte: Exploring social enterprise in nine areas in Ireland executive summary Preparado por Ann Clarke & Anne Eustace Eustace Patterson Limited setembro de 2009.

MIX
Papier aus verantwortungsvollen Quellen
Paper from responsible sources
FSC® C105338

Printed by Books on Demand GmbH, Norderstedt / Germany